| 50 CENTIMES | # BIBLIOTHÈQUE DES ROMANS
ROMANS, CONTES, NOUVELLES ET VOYAGES | 60 CENTIMES pour la province |

MADEMOISELLE TOURMENTE

JEAN LE DIABLE — LA COMTESSE DE LAGARDE

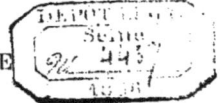

PAR XAVIER DE MONTÉPIN

CHARLIEU ET HUILLERY, ÉDITEURS

10, RUE GIT-LE-CŒUR, 10

PARIS. — 1864

MADEMOISELLE TOURMENTE

PAR

XAVIER DE MONTÉPIN

I. — HENRIETTE DE VALVERT.

En allant de Paris à Fontainebleau, au tiers de la route à peu près, on voit à gauche, dans les terres, et à demi cachés par de hautes et grandes masses de verdure, les toits pointus d'un château dont la construction remonte au commencement du siècle dernier.

C'est le château de Valvert.

Pendant huit mois de l'année, — du quinze avril au quinze décembre, — ce château n'avait d'autres hôtes qu'une vieille fille, rachitique et contrefaite, mais très-douce, très-respectable et très-excellente personne, mademoiselle de Valvert, en compagnie de sa nièce, qui était aussi sa pupille, Henriette de Valvert, orpheline, fille unique et fort riche, à qui le château appartenait.

Le parc qui l'entourait, — dessiné jadis par un des élèves de Lenôtre, — avait de longues et étroites allées sablées, rigoureusement tirées au cordeau et bordées d'ifs taillés en cônes, en boules, en pyramides, etc... etc...

Toutes sortes de boulingrins, de statues mythologiques et de bassins ornés de jets d'eau, achevaient de donner à ce parc une apparence gothique et surannée.

D'autant plus que les boulingrins étaient fort mal entretenus, — que les petits oiseaux du ciel manquaient incessamment de respect aux blanches épaules de Vénus, à la foudre de Jupiter et au casque de Mars, dans lequel ils construisaient leurs nids sans crainte de la grande épée du dieu des combats, — que les charmilles, irrégulièrement taillées, poussaient à droite et à gauche des rejets drus et luxuriants, et qu'enfin l'eau verdâtre et bourbeuse qui dormait dans les bassins, sous la protection des néréides et des tritons moisis, servait de domicile politique à des myriades de grenouilles et de crapauds qui, sitôt que venait le soir, coassaient tous ensemble de la façon la plus déplorable.

Une grande avenue plantée de tilleuls amenait en face d'un large perron construit en pierres moussues et disjointes, entre lesquelles poussaient des touffes d'herbes, et flanqué de deux lions en granit sculpté d'une touche assez franche.

Ce perron donnait entrée dans un vaste vestibule qui lui-même conduisait à une enfilade de pièces hautes et sombres dont le temps avait noirci les boiseries de chêne, et où les fenêtres garnies de très-petits carreaux à bordures de plomb ne laissaient pénétrer qu'un jour faux et douteux.

Nous avons dit et nous répétons que pendant huit mois de l'année mademoiselle de Valvert, Henriette sa nièce, et deux ou trois domestiques, animaient seuls cette solitude.

1

Grâce à leur présence, le château, qui tout le reste du temps était un véritable tombeau, ne ressemblait plus qu'à une prison.

L'amélioration était sensible, comme on voit.

Un soir du mois d'octobre 1847, une heure environ avant le coucher du soleil, — Henriette était assise dans le fond du parc sur un banc de bois vermoulu et sous un berceau de chèvrefeuille.

Elle tenait à la main un livre qu'elle semblait lire avec beaucoup d'attention et d'intérêt.

Ce livre était *la Prison d'Édimbourg* de sir Walter Scott.

Mais, avant d'aller plus avant, nous sommes forcé de nous arrêter un instant.

Nos lecteurs sont en droit d'attendre de nous trois choses, qui rendront suffisamment claire *l'exposition* du drame que nous allons raconter :

1° Le portrait de notre héroïne ;
2° Un aperçu de son caractère ;
3° Un exposé rapide des événements antérieurs.

En romancier bien élevé, nous nous garderons de nous soustraire à cette triple exigence, et nous allons nous hâter d'entrer, — le plus succinctement que nous pourrons, — dans tous les détails nécessaires.

Au moment où commence ce récit, Henriette de Valvert avait vingt ans et quelques mois.

Elle était grande, — mince et blonde ; — on ne pouvait dire d'elle qu'elle fût d'une beauté parfaite et irréprochable, mais il était impossible de ne pas la trouver charmante, tant il y avait de grâce dans sa démarche et dans sa tournure, et de vivacité enjouée dans sa physionomie expressive et mobile.

Comme il n'est point indispensable d'initier notre public à la longueur exacte de son pied et à la couleur de ses bottines, nous nous en abstiendrons sans scrupule.

Henriette était à la fois très-douce et très-décidée, — et même quelquefois capricieuse et emportée.

La douceur tenait au fond même de son caractère.

Le reste venait de l'éducation.

En effet, la liberté dont Henriette avait joui depuis son enfance était illimitée et excessive.

Elle n'avait jamais connu sa mère, morte en la mettant au monde, et le baron de Valvert, son père, — homme très-répandu dans le tourbillon du grand monde de Paris, — l'avait, dès l'âge de cinq ou six ans, confié aux soins de mademoiselle Anastasie, sa sœur, fille au cœur d'or, mais faible de caractère au delà de toute expression.

Jamais, au grand jamais, la digne tante d'Henriette n'aurait eu seulement la pensée de résister à une volonté et même à une fantaisie de sa nièce bien-aimée.

Du reste, le hasard avait si merveilleusement doué cette jeune fille, qu'elle n'aurait pas été gâtée par tout ce qui eût suffi pour perdre complétement une moins excellente nature, et que, heureuse pendant l'hiver au milieu des fêtes et des joies du monde, elle ne s'ennuyait pas un instant pendant l'été dans la triste solitude de son vieux château qu'elle habitait une grande partie de l'année.

Disons bien vite qu'elle avait trouvé moyen de s'y créer de nombreuses et charmantes occupations.

Outre la lecture, le dessin et la musique, qui prenaient une bonne partie de son temps, elle avait organisé une sorte de petite pharmacie où elle préparait de ses mains des médicaments simples et peu coûteux qu'elle mettait à la disposition de tous les indigents du village et des environs.

De plus, elle réunissait chaque jour autour d'elle quelques enfants des plus pauvres familles, et se plaisait à leur donner les premières notions de lecture, d'écriture, de calcul et de catéchisme.

Aussi disait-on généralement dans le pays que *la bonne demoiselle* (c'est le nom qu'elle avait reçu de la reconnaissance des paysans) était la providence des intelligences, en même temps que celle des corps.

Ajoutons à cela qu'elle montait à cheval comme une véritable amazone et chassait comme feu la déesse Diane, de mythologique mémoire.

Depuis deux ans M. de Valvert était mort.

Henriette, orpheline et riche de près de quarante mille livres de rente, se voyait, comme bien on pense, assaillie par les hommages continuels de nombreux prétendants à sa main.

Mais Henriette avait le droit d'être difficile ; elle l'était en effet, et jusqu'alors elle n'avait accueilli personne, à une seule exception près cependant.

Cette exception avait été faite en faveur d'un très-beau jeune homme, fils d'un riche banquier de Paris.

Ce jeune homme, qui s'appelait Eugène Lascars, avait été admis pendant quelque temps dans la société intime de mademoiselle Anastasie et d'Henriette, et cette dernière l'avait presque autorisé à lui parler des sentiments tendres qu'il disait éprouver pour elle.

Mais, un beau jour, de tristes renseignements étaient arrivés en foule sur le compte du charmant Eugène.

Il avait été prouvé qu'il était joueur, — libertin à l'excès, — ne reculant pas devant la violence pour assouvir ses passions brutales, — semant des bâtards de tous les côtés, — et avec cela, faux, — emporté, — hypocrite, — menteur, et ayant dévoré dans d'ignobles débauches la fortune qui lui venait de sa mère.

Il ne restait à Henriette qu'un seul parti à prendre :

C'était de fermer sa porte à M. Eugène Lascars.

Ce qu'elle fit.

Mais ceci ne convenait nullement au jeune homme.

Son mariage probable avec Henriette n'avait été d'abord à ses yeux qu'un mariage de convenance et d'argent.

Sitôt que des obstacles insurmontables se furent dressés entre la jeune fille et lui, l'amour se mit de la partie.

Il se persuada qu'il idolâtrait celle qui ne voulait plus entendre parler de lui, et il n'est sorte d'extravagances auxquelles il ne se livrât pour essayer de se rapprocher d'elle et pour la faire revenir sur la résolution qu'elle avait prise.

Tout cela fut en vain, et, après une assez grande quantité de tentatives infructueuses, M. Eugène Lascars sembla résigné, et Henriette n'entendit plus parler de lui.

Et, maintenant que voilà notre héroïne bien et dûment *posée*, nous pouvons, sans inconvénient, enfourcher notre plume et chevaucher dans le vif du récit.

II. — LE PROLOGUE D'UN DRAME.

SCÈNE PREMIÈRE.

La grande route entre Paris et le château de Valvert. — Il est six heures du soir.

EUGÈNE LASCARS. — FRANCISQUE, *son domestique.*

(EUGÈNE LASCARS *est un jeune homme de vingt-six à vingt-huit ans.* — *Taille moyenne et bien prise.* — *Figure fine et distinguée.* — *Cheveux noirs,* — *grands yeux noirs qui ne regardent jamais en face.* — *Teint pâli par les veilles et les soupers.* — *Petites moustaches,* — *dents blanches.* — *Costume très-élégant,* — *chapeau gris,* — *redingote noire,* — *pantalon gris-perle.* — *Cravache à pommeau d'or bruni et ciselé.*)

(FRANCISQUE *paraît avoir le même âge que son maître.* — *Figure futée, spirituelle et insolente.* — *Redingote bleue, serrée à la taille par une ceinture de cuir.* — *Culotte de peau.* — *Bottes à revers.* — *Cocarde noire au chapeau.*)

(*Tous les deux sont à cheval et galopent à fond de train.*)

FRANCISQUE. — Monsieur me permettra de lui faire observer que, si nous continuons longtemps de ce train-là, nous allons surmener les chevaux...

EUGÈNE *avec humeur.* — Qu'est-ce que ça te fait ?

FRANCISQUE. — C'est juste ! (*A part.*) — Que voilà donc bien les maîtres ! — Pour arriver un quart d'heure plus tôt, ils craignent des bêtes de quatre mille francs ! — ils ne savent à quoi dépenser leur argent, parole d'honneur !...... — Et nous ne les volerions pas un petit peu de temps en temps ! — Allons donc ! pas si godiches !...

(*Le cheval d'Eugène se heurte contre un caillou et tombe.*)

EUGÈNE *avec colère.* — Tonnerre de ....!... (*A Francisque, qui a sauté en bas de son cheval.*) — Il est couronné, n'est-ce pas ?

FRANCISQUE. — Des deux genoux.

EUGÈNE. — Maudit animal !

FRANCISQUE. — J'avais eu l'honneur de prévenir monsieur.

EUGÈNE. — Un mot de plus, et je te cravache !

FRANCISQUE. — Je me tais. (*A part.*) — Voilà que c'est ma faute, à présent! — Oh! les maîtres! les maîtres!... — Quand donc que je le serai à mon tour, un peu, pour voir!

EUGÈNE. — Heureusement, il n'y a plus qu'une demi-lieue d'ici à Valvert. — Tu vas me donner ton cheval et prendre celui-ci.

FRANCISQUE. — Oui, monsieur.

(*L'échange des chevaux s'opère. — Les deux cavaliers se remettent en route, mais au pas. — Eugène marche en silence pendant cinq minutes, suivi à distance par son domestique.*)

EUGÈNE, *se retournant à demi.* — Francisque?...

FRANCISQUE, *s'approchant.* — Monsieur me fait l'honneur de m'appeler?

EUGÈNE. — Oui. — Tu trouves que je suis un fou, n'est-ce pas? d'avoir couronné ce pauvre *Néron*, qui était un si bon cheval et que j'avais payé deux cents louis...

FRANCISQUE, *vivement.* — Ah! par exemple!... je ne me permettrais jamais...

EUGÈNE. — Je te permets de parler franchement.

FRANCISQUE. — Eh bien, monsieur, — franchement, — je pense qu'il n'y a pas trop de votre faute; le cheval est tombé parce qu'il devait tomber; je suis un peu de l'avis de *Jacques le fataliste*, moi, voyez-vous.

EUGÈNE, *surpris.* — Comment, Francisque, tu as lu Diderot?

FRANCISQUE *avec une feinte modestie.* — Mon Dieu, monsieur, il faut bien lire un peu de tout...

EUGÈNE. — Mais, par quel hasard?...

FRANCISQUE. — Par ce hasard que j'ai été au service d'un académicien, et que, quand il était sorti, au lieu de faire son appartement et de cirer ses bottes, je m'installais dans un bon fauteuil et je prenais les livres de sa bibliothèque. — Que voulez-vous, monsieur, j'adore la lecture! — j'étais né pour être un savant, moi, — j'ai manqué ma vocation.

EUGÈNE. — C'est donc pour cela que je te trouve, parfois, le ton et les allures d'un véritable valet de comédie?

FRANCISQUE *avec feu.* — Ah! monsieur! Molière! — Regnard! quels auteurs! — *Frontin,* — *Crispin,* — *Mascarille,* — quels grands hommes!... — Quand je pense aux hauts faits de ces héros, je n'en dors pas, monsieur, ou j'en rêve! — Servir *Valère, Damis* et *Clitandre,* duper les pères et berner les tuteurs, voilà ce qu'il m'aurait fallu, monsieur! — C'est à ces nobles passe-temps que j'aurais pu prouver mon mérite, et dire comme l'immortel Chénier : — *Il y avait là quelque chose.* — (*Il indique son front.*)

EUGÈNE. — Tu es fort amusant, mon cher!

FRANCISQUE. — Monsieur est bien bon. (*Après une pause.*) Ah! si j'osais dire à monsieur...

EUGÈNE. — Je te permets d'oser.

FRANCISQUE, *d'un ton insinuant.* — Monsieur est un homme à bonnes fortunes! — monsieur séduit toutes les femmes! — monsieur a chaque jour de nouvelles aventures. — Eh bien! monsieur ne me témoigne aucune confiance, — monsieur ne se sert jamais de mes petits talents, et, franchement, ça me désole. — Voilà ce que j'avais à dire à monsieur.

EUGÈNE. — Ainsi, tu souhaiterais?...

FRANCISQUE. — Être votre Mercure galant, — votre grison, — votre cardinal Dubois; — voilà mon ambition en trois mots; — voilà ce qui ferait mon bonheur! — Diminuez mes gages, si vous voulez, mais employez-moi... (*A part.*) Je rattraperai ça sur autre chose... avec de jolis intérêts!

EUGÈNE, *à part.* — Mais c'est un trésor que ce garçon-là! et je ne m'en doutais pas! (*Haut.*) Ainsi, tu as pratiqué déjà dans la spécialité que tu réclames auprès de ma personne?

FRANCISQUE. — Avec quelque distinction, j'ose m'en flatter...

EUGÈNE. — Chez qui?

FRANCISQUE. — Chez un vieux pair de France et chez deux fils de famille.

EUGÈNE. — Tu es discret?

FRANCISQUE. — Comme une tanche.

EUGÈNE. — Tu as de l'esprit?

FRANCISQUE. — Gros comme moi... si j'étais gros.

EUGÈNE. — Tu sais chez qui je vais en ce moment?

FRANCISQUE. — A merveille.

EUGÈNE. — Et tu sais ce que j'y vais faire?

FRANCISQUE. — Le mieux du monde.

EUGÈNE. — Qui te l'a dit?

FRANCISQUE. — Personne, — Je l'ai deviné.

EUGÈNE. — Que va-t-il m'arriver, — selon toi?

FRANCISQUE. — Faut-il dire la vérité vraie?

EUGÈNE. — Sans doute.

FRANCISQUE. — Eh bien! mademoiselle de Valvert ne vous recevra pas, ou, si elle vous reçoit, vous recevra mal; vous serez vexé, vous remonterez à cheval et nous reviendrons à Paris.

EUGÈNE. — Tu crois?

FRANCISQUE. — Je le parierais.

EUGÈNE. — Mais si l'on ne me reçoit pas, ou si l'on me reçoit mal, comme tu dis, y aurait-il donc un autre parti à prendre que de revenir à Paris?

FRANCISQUE. — Il y en aurait dix.

EUGÈNE. — Cite-m'en un, de ces dix.

FRANCISQUE. — C'est facile. — Mais, d'abord, j'aurai l'honneur de demander à monsieur la permission de lui faire une question...

EUGÈNE. — Fais cette question.

FRANCISQUE. — Monsieur est-il très-amoureux?...

EUGÈNE. — Oui. — Très amoureux de la femme par dépit, — très-amoureux de la fortune par intérêt.

FRANCISQUE. — A la bonne heure! — Voilà une véritable passion, — une passion comme je les comprends. — La chair et le solide. — l'amour et l'argent, — ça se mêle si bien, — qu'en y réfléchissant un peu, on finit par ne plus savoir si ce sont les beaux yeux de la Dulcinée, que l'on adore, ou les beaux yeux de la cassette!... — C'est charmant!... — Ainsi, monsieur ne reculerait point devant un moyen un peu... vif, pour épouser dans la huitaine mademoiselle de Valvert?

EUGÈNE. — Je ne reculerais devant rien.

FRANCISQUE. — Alors, c'est une affaire faite.

EUGÈNE. — Comment?

FRANCISQUE. — Quand une jeune personne appartient à une certaine classe, et fait profession de vertu, il s'agit que de la compromettre pour qu'elle demande à grands cris un notaire, un maire et un curé...

EUGÈNE. — Oui, mais...

FRANCISQUE. — Or, une jeune personne est parfaitement compromise quand un beau jeune homme, très-mauvais sujet (pardon, monsieur, le mot m'est échappé malgré moi), quand un beau jeune homme, dis-je, a passé la nuit dans sa chambre.

EUGÈNE. — Où diable veux-tu en venir?

FRANCISQUE. — A ceci : — passez la nuit d'aujourd'hui dans la chambre de mademoiselle de Valvert, et elle mettra demain la même insistance à vous épouser qu'elle en mettait hier à ne vous épouser point! — Sans compter que, fait comme vous l'êtes, vous pourrez fort bien rencontrer dans le tête-à-tête, entre minuit et cinq heures du matin, certains quarts d'heure très-agréables...

EUGÈNE. — Mais le moyen?...

FRANCISQUE. — Dame! le moyen, je ne le possède pas encore, — les circonstances m'inspireront; mais, si monsieur me fait l'honneur de s'en rapporter à moi, je crois pouvoir lui répondre du succès.

EUGÈNE. — Je t'accorde de pleins pouvoirs.

FRANCISQUE. — Je m'en montrerai digne. (*A part.*) — Vertugadin!... quels suppléments de gages! — les profits pleuvront drus comme grêle!... — Alouettes, cailles et volailles de toutes sortes me vont du ciel tomber toutes rôties!... — O Figaro! mon saint patron, fais seulement que je réussisse, et je jure de brûler en ton honneur deux beaux cierges de quatre livres!...

EUGÈNE, *tirant sa montre.* — Déjà sept heures! — nous n'avançons pas! — Quel guignon d'avoir ainsi mal à propos couronné ce cheval!...

FRANCISQUE. — Un peu de patience, monsieur! — Tenez, à travers ces massifs d'arbres, voyez-vous quelque chose reluire?...

EUGÈNE. — Oui.

FRANCISQUE. — Eh bien! c'est le soleil couchant qui donne en plein sur les vieilles girouettes du château, — la maison s'illumine toute seule en l'honneur de son futur maître. — Nous approchons, — nous arrivons.

(*Les deux cavaliers traversent une partie du village, entrent dans l'avenue, et, au bout d'un demi-quart d'heure, se trouvent à la grille du château.*)

SCÈNE II.

La grille du parc.

EUGÈNE LASCARS, FRANCISQUE, *puis* DOMINIQUE, *vieux domestique.*

EUGÈNE, *à Francisque.* — Descends de cheval, et tonne.
FRANCISQUE, *sonnant.* — Si vous voulez, monsieur, ce coup de sonnette sera le premier coup de cloche de votre messe de mariage.
EUGÈNE. — J'en accepte l'augure.
DOMINIQUE, *accourant, mais sans ouvrir la grille.* — Que demandent ces messieurs?
EUGÈNE. — Mademoiselle Henriette de Valvert est-elle à son château, mon ami?
DOMINIQUE. — Oui, monsieur.
EUGÈNE. — Eh bien! alors, ouvrez-nous cette grille.
DOMINIQUE. — Pardon, monsieur, — mademoiselle Henriette est bien au château; — mais mademoiselle Anastasie, la tante de ma maîtresse, est souffrante, et ma maîtresse ne reçoit personne.
EUGÈNE. — Peut-être fera-t-elle une exception en faveur d'un ancien ami, venu de Paris tout exprès pour la voir; — portez-lui ma carte, je vous prie.
DOMINIQUE. — J'y vais. (*Il prend la carte d'Eugène et s'éloigne.*)
FRANCISQUE. — Eh bien! — on laisse monsieur à la porte comme ça!... (*Indiquant Dominique.*) — Il n'est pas poli, le vieux drôle!...
EUGÈNE. — Patience!...

SCÈNE III.

Le berceau de verdure sous lequel Henriette est occupée à lire *la Prison d'Edimbourg.*

HENRIETTE, DOMINIQUE.

DOMINIQUE, *appelant de loin.* — Mademoiselle Henriette! mademoiselle Henriette... où êtes-vous?
HENRIETTE, *quittant sa lecture.* — Par ici, Dominique, sous le berceau de chèvrefeuille.
DOMINIQUE, *essoufflé.* — Mademoiselle, il y a à la grille un monsieur à cheval et son domestique. — Ce monsieur demande à vous voir...
HENRIETTE. — Vous avez dit que je ne recevais pas?...
DOMINIQUE. — Certainement que je l'ai dit, puisque madeoiselle me l'avait commandé une fois pour toutes.
HENRIETTE. — Eh bien?
DOMINIQUE. — Eh bien! ce monsieur m'a donné sa carte pour mademoiselle. — Il dit que mademoiselle fera, sans doute, une exception en sa faveur.
HENRIETTE. — Voyons cette carte.
DOMINIQUE. — La voici, mademoiselle. (*Il la lui donne.*)
HENRIETTE, *lisant.* — «EUGÈNE LASCARS.» Lui! lui, ici!... — Quelle impudence!... — Moi qui me croyais débarrassée de cet homme... (*Elle jette la carte avec mépris.*)
DOMINIQUE. — Qu'est-ce qu'il faudra répondre, mademoiselle?
HENRIETTE. — Vous répondrez à M. Eugène Lascars que je ne fais d'exception pour personne, et pour lui moins que pour tout autre.
DOMINIQUE. — Oui, mademoiselle. (*En s'en allant.*) — Ça me va beaucoup, oh! mais, beaucoup, beaucoup, cette commission-là! — Quoique le particulier en question soit bel homme, il a une figure qui ne me revient guère! Je m'en vas le congédier carrément!...

SCÈNE IV.

La grille du parc.

EUGÈNE, FRANCISQUE, DOMINIQUE.

EUGÈNE, *à Dominique, qui revient.* — Vous avez donné ma carte?
DOMINIQUE. — Oui, monsieur.
EUGÈNE. — Et qu'a dit votre maîtresse?
DOMINIQUE. — Elle a dit ceci : *Vous répondrez à monsieur Eugène Lascars que je ne fais d'exception pour personne, et pour lui moins que pour tout autre.*

EUGÈNE *avec une colère froide.* — Ce sont ses propres paroles?
DOMINIQUE. — Je n'y change pas une panse d'a.
EUGÈNE. — C'est bien. — Bonsoir. — Vous direz à votre maîtresse que je la remercie.
DOMINIQUE, *à part.* — Il n'y a pas de quoi! Bon voyage!

SCÈNE V.

Une rue du village de Valvert.

EUGÈNE, FRANCISQUE.

FRANCISQUE. — Vous voyez, monsieur... — Je vous l'avais bien dit.
EUGÈNE *avec une colère concentrée.* — Je m'abandonne à toi, Francisque... — Il y aura cinquante louis de gratification pour toi demain matin, si mademoiselle Henriette de Valvert est compromise par moi cette nuit.
FRANCISQUE, *joyeux.* — Cinquante louis! c'est comme si je les avais.
EUGÈNE. — Que faisons-nous maintenant, Francisque?
FRANCISQUE. — Nous allons à l'auberge. — Il faut bien que nous mangions quelque chose, et que je panse les genoux de Néron.
EUGÈNE. — Mais y a-t-il une auberge ici, seulement'
FRANCISQUE. — Auberge, cabaret ou bouchon, il doit y avoir un endroit quelconque où l'on puisse s'arrêter en payant. — Et tenez, voyez-vous : AUBERGE DU SOLEIL D'OR, *Morizot, loge à pied et à cheval.* — C'est notre affaire.
(*Les deux hommes mettent pied à terre. — Eugène Lascars entre dans l'auberge. — Francisque, aidé par l'aubergiste, conduit les chevaux à l'écurie.*)

SCÈNE VI.

L'intérieur de l'auberge. — Une petite chambre au premier étage. — Papier gris à fleurs, assez propre, à dix sous le rouleau. — Contre les murs, quatre lithographies enluminées représentant les combats héroïques et la mort tragique de Sobieski. — Sur la cheminée, deux vases de fleurs artificielles sous verre. — Au lieu de pendule, une tasse en porcelaine dorée, avec cette devise : SOUVENIR D'ÉTERNELLE AMITIÉS (*sic*). — Une bougie allumée dans un chandelier de cuivre jaune. — Quatre chaises. — Au milieu de la chambre, une table ronde, sur laquelle flambe un bol de punch à l'eau-de-vie.

EUGÈNE LASCARS.

(*Il est seul et debout. — Il fume un panatellas savamment choisi, et il remue avec une longue cuiller de fer le contenu du bol de punch qu'il a fait avec de l'eau-de-vie, faute de rhum.*)

Que diable peut faire si longtemps ce coquin de Francisque? — (*Tirant sa montre.*) — Dix heures et quart! — Il est sorti à huit heures précises, en me disant qu'il allait aux renseignements. — Aux renseignements! — sur quoi? — Il n'a pas voulu s'expliquer davantage. — Du reste, j'ai toute confiance en lui; — il est vicieux et intelligent! Avec ça on va loin, — en ce monde; à la guerre on arrive de suite, mais qu'importe?... (*Il verse du punch dans un verre et boit.*) Pouah! quelle eau-de-vie détestable! — ce n'est pas seulement du cognac! — Enfin, à la guerre comme à la guerre!... (*Écoutant.*) Il me semble qu'on monte l'escalier, ce doit être Francisque...

SCÈNE VII.

EUGÈNE, FRANCISQUE.

EUGÈNE. — Ah! te voilà, enfin!
FRANCISQUE. — Comment, monsieur, enfin? — Je n'ai pas perdu une minute.
EUGÈNE. — Eh bien! qu'as-tu fait?
FRANCISQUE. — De la bonne besogne.
EUGÈNE. — Mais encore?...
FRANCISQUE. — J'ai appris tout ce que je voulais savoir, j'ai vu tout ce que j'avais besoin de voir, et j'ai la certitude que la réussite de notre projet ne dépend plus que de monsieur.
EUGÈNE. — Voilà qui est à merveille; mais je ne sais pas trop au juste, jusqu'à présent, quel est ton projet...
FRANCISQUE. — Aussi, vais-je avoir l'honneur de mettre monsieur au courant.

EUGÈNE. — Ce sera fort bien fait; seulement, parle vite, car tu es d'une lenteur désespérante.

FRANCISQUE, *sérieusement*.

« Rien ne sert de courir. — Il faut partir à temps. »

C'est La Fontaine qui l'a dit.

EUGÈNE. — Mon cher monsieur Francisque, je vais faire comme les personnages de ces comédies que vous aimez tant, et vous rouer de coups tout à l'heure.

FRANCISQUE. — Ce serait dommage, et monsieur le regretterait.

EUGÈNE. — Alors, parle donc, animal!

FRANCISQUE. — M'y voici : — Quand je quittai monsieur à la nuit tombante, je m'en allai rôder autour du parc du château. — Peut-être monsieur apprendra-t-il avec un certain plaisir qu'il y a, dans le mur de ce parc, une brèche des mieux praticables.

EUGÈNE. —Sans doute, mais il faut voir à quoi cela pourra servir...

FRANCISQUE. — Il faut voir!... — C'est parbleu tout vu!... — Comme l'obscurité n'était pas assez profonde pour que j'osasse me hasarder dans l'enceinte défendue, je continuai ma flânerie extérieure, et j'accostai un petit pâtre de douze à treize ans, à moitié stupide, qui ramenait des champs un troupeau de maigres moutons, lesquels s'en allaient bêlant, la queue entre les jambes et les oreilles basses, comme de vrais moutons affamés... qu'ils étaient...

EUGÈNE *avec impatience*. — Ce gaillard-là a la monomanie de faire du style en parlant!...

FRANCISQUE. — « *Le style c'est l'homme!* » C'est Buffon qui l'a dit, monsieur. — Je poursuis : — Quelques gros sous, donnés à propos, me gagnèrent la confiance de l'enfant, et je sus par lui les principales dispositions intérieures du château. — L'appartement de mademoiselle Henriette occupe le premier étage de l'aile droite. — Il y a un balcon devant les fenêtres de sa chambre à coucher, et, comme l'angle du bâtiment est formé de pierres de taille sculptées en ronde bosse, rien n'est plus facile que de gagner ce balcon, pour peu qu'on ait le pied leste et la main solide. Je me suis assuré de cela tout à l'heure, car, en quittant le berger, je suis entré dans le parc et je me suis avancé jusqu'auprès des murailles.

EUGÈNE. — J'ai suivi les cours du gymnase Amoros, et je grimpe comme un chat.

FRANCISQUE. — Bravo! — Un peu plus loin, et après mon voyage de découverte, j'ai rencontré une vieille paysanne; — je lui ai dit que j'étais un domestique nouvellement engagé au château, et, tout en la faisant bavarder, j'ai obtenu une foule d'autres renseignements sur les habitudes d'intérieur de mademoiselle Henriette. — Ainsi, j'ai appris que chaque soir elle restait jusqu'à onze heures et demie dans la chambre de sa vieille folle de tante, à qui elle faisait toutes sortes de lectures pieuses, — qu'ensuite elle rentrait chez elle, — se déshabillait — (sans femme de chambre, notez bien ce point), — et se mettait au lit.

EUGÈNE. — Que conclus-tu de cela?

FRANCISQUE. — De tout cela je conclus qu'il est dix heures et demie, — que nous allons sortir, — que vous entrerez dans le parc par la brèche que je vous indiquerai, — que nous irons ensemble jusqu'au château,—que je vous ferai la courte échelle, — que vous atteindrez le balcon, — que vous vous cacherez dans la chambre de mademoiselle Henriette, et..... et, ma foi, que vous gagnerez, vous, quarante mille livres de rente et une jolie femme, moi, mes cinquante louis, ce qui, par parenthèse, nous sera fort agréable à tous les deux.

EUGÈNE. — Mais si nous rencontrons quelqu'un... si l'on me voit... si...

FRANCISQUE *avec impatience*. — Comment! monsieur, vous allez tout exprès faire du scandale, et vous avez peur du scandale!... — Je ne vous reconnais pas là!...

EUGÈNE. — Cependant...

FRANCISQUE, *l'interrompant*. — Ah! si nous sommes dans les *si* et dans les *mais*, bonsoir! Qui ne risque rien n'a rien! C'est un fameux proverbe que celui-là! — Ne parlons plus de mariage, ni d'escalade, ni de quoi que ce soit de compromettant; rattachons nos éperons, reprenons nos cravaches et retournons tranquillement à Paris. — Faut-il dire qu'on selle les chevaux?...

EUGÈNE. — Un instant, donc!

FRANCISQUE. — Décidez-vous, monsieur, -- il n'est que temps!

EUGÈNE, *prenant son parti*. — Eh bien! allons!

FRANCISQUE. — A Paris, ou au château?

EUGÈNE. — Au château !

(Ils sortent tous les deux.)

SCÈNE VIII.

L'intérieur du parc, au pied du balcon d'Henriette. — Il est dix heures et demie. — L'obscurité est profonde. — On n'entend que le chant monotone des grenouilles sur la bourbe des pièces d'eau, et le cri d'une chouette amoureuse.

EUGÈNE LASCARS, FRANCISQUE.

FRANCISQUE, *à voix basse*. — Nous voici arrivés.

EUGÈNE, *de même*. — C'est heureux! — Sais-tu, Francisque, que nous avons l'air de deux vrais voleurs?

FRANCISQUE. — Parbleu! les amoureux sont des voleurs aussi; — seulement, ils emportent le cœur au lieu de la bourse. C'est quelquefois beaucoup plus grave.

EUGÈNE. — Tu dis donc que les fenêtres de mademoiselle Henriette...

FRANCISQUE. — Sont les deux dernières du bâtiment, — juste au-dessus de nos têtes... et même, malgré les ténèbres, il me semble qu'il y en a une d'ouverte. (*Prêtant l'oreille.*) Chut! — chut! monsieur! — et cachons-nous vite, on vient!

(Les deux hommes se cachent de leur mieux derrière une rangée d'ifs taillés en pyramides.)

SCÈNE IX.

LES MÊMES, DOMINIQUE, *une lanterne d'une main et un fusil de l'autre*.

DOMINIQUE, *chantant sur un air lent et monotone :*

Il était une fille
Qu'avait trois amoureux!
Qu'avait trois amoureux!
C'étaient trois fameux drilles!
Ell' n'en aimait que deux!
Ell' n'en aimait que deux !

Un soir, sous la coudrette,
La bonne fille alla,
La bonne fille alla,
Et c'est là qu'en cachette
L'troisièm' la rencontra,
L'troisièm' la rencontra.

Je n'sais pas c'qu'à la brune
Il lui dit dans le bois,
Il lui dit dans le bois!
Mais d'puis c'temps la bell' brune
Les aima tous les trois,
Les aima tous les trois!

(Il regarde à droite et à gauche, et dirige successivement de tous côtés la lumière de sa lanterne.)
Voilà ma ronde faite, — tout est parfaitement tranquille! — je vais me coucher.
Il s'éloigne en reprenant :

Les aima tous les trois!
Les aima tous les trois !

SCÈNE X.

EUGÈNE, FRANCISQUE.

EUGÈNE. — Enfin, le voilà parti!

FRANCISQUE. — Cet animal m'a fait une peur, avec sa chanson!... — Et quand il a tourné de notre côté la lumière de sa lanterne, j'ai cru que nous étions pincés, et je sentais déjà le plomb de son maudit fusil nous chatouiller les côtes! Avec ça que mademoiselle de Valvert pouvait rentrer chez elle d'un moment à l'autre... — Allons, monsieur, dépêchez-vous, ou c'est une affaire manquée.

EUGÈNE — Prête-moi ton épaule.

FRANCISQUE. — Voilà.

(Eugène met un pied sur l'épaule de Francisque, — s'accroche aux sculptures des pierres angulaires, — grimpe, — touche la balustrade qu'il escalade, et se trouve sur le balcon.)

EUGÈNE. — M'y voici!

FRANCISQUE. — Bonne chance, monsieur! *(Il s'éloigne.)*

(Eugène passe par la fenêtre qui est entr'ouverte, et se trouve dans la chambre d'Henriette.)

SCÈNE XI.

LA CHAMBRE D'HENRIETTE. — Intérieur frais et virginal. — Rideaux de mousseline blanche aux fenêtres et au lit. — Meubles simples, recouveris en toile perse gris-perle, à fleurs roses. — Petite bibliothèque renfermant Walter Scott, — Cooper, — lord Byron, — Shakspeare, — Schiller, — Chateaubriand, — Lamartine, etc... — Deux ou trois portraits de famille, entre autres celui de la mère d'Henriette. — Dans un angle, et à demi caché par un chiffonnier de bois de rose, un petit fusil de chasse à deux coups, monté et incrusté en argent. — Une veilleuse allumée sur la table de nuit répand dans la chambre une lueur très-faible, qui permet cependant de distinguer à demi les objets.

EUGÈNE, *seul; il se glisse dans la chambre avec précaution.*

Personne! — me voici maître de la place! — Mais d'abord, où me cacher? — Ah! là. *(Il abaisse les rideaux de la seconde fenêtre et se tient debout dans l'embrasure, masqué par les plis flottants.)* — Il sent bon ici!... — Rien qu'à respirer ce parfum léger, mais pénétrant, on devine que cette chambre est habitée par une jolie femme! — C'est étonnant comme le cœur me bat!... — Allons, mordieu! du courage! — que peut-il m'arriver, après tout?... *(Un silence de quelques secondes.)* Je suis précisément dans la position de Saint-Preux caché chez Julie... — Rousseau a écrit à ce sujet un passage fort vif... — A quoi diable vais-je penser?..... *(Nouveau silence.)* — Comment cette Henriette, si fière et si dédaigneuse, va-t-elle me recevoir? que va-t-elle me dire?... que lui dirai-je moi-même!... — Je ne sais à quoi cela tient, mais je n'ai pas ce soir mon aplomb de tous les jours... — Il me semble qu'on marche près de cette chambre... elle, peut-être... *(Il écoute.)* Non.. pas encore... — Qu'aurait fait don Juan à ma place?... *(Écartant les rideaux et regardant le lit.)* — Une prise de possession... complète... cette nuit même, — tout à l'heure... — Voilà qui serait beau et don Juan n'aurait pas mieux fait! *(Écoutant de nouveau.)* Cette fois on marche, j'en suis sûr... on approche... on vient ici... la porte s'ouvre... c'est elle... *(Il referme les rideaux.)*

SCÈNE XII.

HENRIETTE, EUGÈNE, caché.

Henriette. *(Elle entre, tenant une lampe allumée qu'elle pose sur un meuble.)* — Ma pauvre tante ne va pas bien; je suis inquiète... à son âge et avec sa santé déplorable, le moindre malaise est si grave... J'ai envie de retourner tout de suite à Paris avec elle... au moins, là, je pourrai l'entourer de bons médecins et de soins qui lui manquent ici... *(Henriette s'arrête devant une glace et dénoue les tresses de ses cheveux.)* — Il fait ce soir une chaleur étouffante..... nous aurons sans doute de l'orage..... *(Allant au balcon.)* — Pas un souffle d'air... je vais ouvrir l'autre fenêtre... *(Elle écarte brusquement le rideau qui cache Eugène Lascars. Poussant un cri et reculant précipitamment)* : Ah!

Eugène. — Mademoiselle...

Henriette. — Un voleur!...

Eugène. — Non, mademoiselle... un amant...

Henriette, *le reconnaissant.* — Vous! à cette heure de la nuit! — chez moi!... — Sortez!...

Eugène. — Mademoiselle...

Henriette, *l'interrompant avec colère.* — Sortez! et vous dis-je!...

Eugène. — Il faut que vous m'écoutiez, mademoiselle, et vous m'écouterez; — il faut que vous m'entendiez, et vous m'entendrez...

Henriette. — Ceci est par trop fort, monsieur, et je vais...

Eugène, *se plaçant entre elle et la porte.* — Vous n'irez nulle part, mademoiselle, avant de m'avoir entendu.

Henriette. — Un ordre!...

Eugène. — Une prière... une humble prière... laissez-moi seulement vous dire...

Henriette *avec résolution.* — Je vous donne trois minutes; — parlez.

Eugène. — Mais d'abord, mademoiselle, je vous supplie, je vous supplie à deux genoux de ne point avoir peur...

Henriette, *l'interrompant.* — Je n'ai peur de rien; — ainsi, pas de préambules inutiles' — Dites tout de suite pourquoi vous êtes ici, et ce que vous prétendez de moi...

Eugène. — Vous savez que je vous aime...

Henriette. — Après?...

Eugène. — Autrefois, pendant un instant, vous avez paru accueillir mon amour... pendant un instant, j'ai cru pouvoir espérer...

Henriette. — Vous avez eu tort. — Après?

Eugène. — Je ne sais quel sentiment est venu remplacer dans votre cœur l'affection que vous sembliez éprouver pour moi...

Henriette. — Je vais vous le dire, puisque vous m'y forcez... ce sentiment, c'est le mépris!

Eugène. — Le mépris!...

Henriette. — Oui. — Et ce sentiment grandit chaque jour... — Je vous méprisais beaucoup ce matin, et je vous méprise ce soir beaucoup plus encore que ce matin.

Eugène. — Sans doute, mademoiselle, j'ai commis bien des fautes...

Henriette. — Non-seulement des fautes, monsieur, mais des lâchetés, mais des infamies...

Eugène. — Vous êtes sévère...

Henriette. — Je suis juste. — Et, maintenant que vous savez ce que je pense de vous, — maintenant que je vous l'ai dit en face, — maintenant que les trois minutes sont écoulées, — partez!

Eugène. — Vous me chassez!

Henriette. — C'est le mot.

Eugène *avec colère.* — Eh bien! je ne partirai pas!...

Henriette. — Vous dites!...

Eugène. — Je dis que je resterai ici malgré vous, — je dis que je passerai la nuit dans votre chambre, — je dis que vous êtes isolée dans cette partie du château, — que vous m'avez poussé à bout, — que je vous aime, — que je suis le plus fort, et que malgré vos cris que j'étoufferai, — malgré vos larmes dont je n'aurai pas pitié, — je dis que vous serez à moi, et que je le jure sur ma vie!..... *(Il fait un pas vers Henriette.)*

Henriette. — Eh bien! — sur votre vie aussi, je jure, moi, que vous allez sortir!

Eugène, *ricanant.* — Nous verrons!

Henriette. — Voyez le donc!

(Elle a gagné l'angle de la chambre, elle a saisi son fusil de chasse dont elle arme les deux coups, et elle couche Eugène en joue.)

Eugène *avec effroi.* — Ah!...

Henriette. — Et maintenant que je tiens votre vie au bout de ce double canon, — maintenant que vous tremblez devant moi, monsieur, maintenant que vous avez peur, — je vous dis, monsieur Eugène Lascars, je vous dis que vous êtes un misérable et un lâche. Je vous dis que je vous crache au visage, je vous dis en une minute vous vous êtes encore ici, — si dans une minute vous ne vous êtes pas enfui par la fenêtre comme un voleur, — je vous dis et je vous jure que je vais vous tuer comme un chien!...

Eugène, *tremblant.* — Je sors...

Henriette. — Et faites vite, car je ne réponds pas de moi!

Eugène, *escaladant précipitamment le balcon pour descendre et tout éperdu de terreur.* — Je descends..... je me hâte... *(Il disparaît dans l'obscurité.)*

Henriette *seule, tombant à genoux devant son prie-Dieu!...* — Vous, qui m'avez donné la force et le courage! — vous, qui m'avez sauvée! mon Dieu! soyez béni!...

SCÈNE XIII.

Le fond du parc, — auprès de la brèche du mur.

Eugène, *seul.* — *(Il gravit les décombres amoncelés sur la brèche.* — Il est pâle comme un spectre, et ses y ne sont injectés de sang. — Il se retourne vers le château.)* — Oh! je me vengerai!

III. — LE PREMIER ACTE D'UN DRAME.

Un an s'était écoulé depuis les faits qui remplissent les précédents chapitres.

Ceci nous reporte, comme on le voit, au mois d'octobre de l'année 1848.

La situation de l'héroïne de notre récit était bien changée.

Henriette avait cessé d'être la jeune fille indifférente et railleuse.

Elle aimait pour la première fois, et elle allait se marier.

Elle aimait, — non pas de cet amour qui se rencontre plus souvent dans les romans que dans la vie, et qui ressemble à du délire, — mais d'une affection douce et confiante.

Elle avait mis en son fiancé l'espoir de son avenir, et, sûre du bonheur, — le croyant du moins — elle attendait avec calme.

Le vicomte Alfred de Juvisy, le fiancé d'Henriette, était un jeune homme de trente ans environ.

Il avait beaucoup vécu.....

Ce qui, dans le langage du monde, signifie qu'il avait souvent livré son âme et son corps à ces folles amours que l'on veut bien ennoblir en les traitant de passions, mais qui, une fois la fièvre des sens apaisée, laissent le cœur parfaitement vide.

Il en avait été ainsi pour Alfred.

Aussitôt qu'il eut rencontré Henriette, ce vide se remplit. Malgré sa fortune, sa naissance et sa position dans le monde, qui, parfaitement analogues à celles de la jeune fille, faisaient de leur union un mariage de convenance tout autant qu'un mariage d'inclination, son amour avait acquis l'intensité des passions les plus fougueuses et les plus contrariées.

Ce qui prouve la fausseté de certain dicton prétendant que l'amour a besoin, pour devenir impétueux, de se heurter à des obstacles.

Le délai de rigueur s'était écoulé depuis la demande officielle faite par M. de Juvisy à mademoiselle Anastasie, la seule proche parente d'Henriette.

Les bans avaient été publiés, — les dispenses obtenues, — le jour de la célébration du mariage fixé, et nous sommes au matin de ce jour.

Les invités, — consistant en un petit nombre de parents éloignés et d'amis intimes, étaient réunis au château de Valvert.

On n'attendait plus qu'une seule personne, — mais la présence de cette personne était essentielle.

C'était le futur.

Le maire devait ceindre à dix heures précises son écharpe municipale.

Le curé devait monter à l'autel à dix heures et demie.

Il était dix heures moins cinq minutes et M. de Juvisy n'arrivait pas, quoiqu'il eût promis, la veille au soir, d'être revenu de Paris à neuf heures précises.

Déjà ceux des amis et des parents qui se promenaient dans le parc avaient rejoint les autres conviés dans le grand salon, — pièce immense, tendue en tapisserie des Gobelins, figurant les classiques amours de Téthys et du Soleil, et ornée des portraits de famille de tous les Valvert, jusqu'au plus ancien, le troisième baron chrétien — (du moins à ce que prétendaient les parchemins vermoulus et l'arbre généalogique soigneusement conservé dans les archives).

Les hôtes du château se trouvaient au nombre de trente à peu près, et, dans cette nombreuse réunion, — réunion insignifiante s'il en fut, — nous n'avons à parler que d'un seul personnage.

Ce personnage était Georges de Vibray, cousin de la mariée au second degré.

C'était un tout jeune homme.

Il avait vingt-deux ans à peine, — peu ou pas de fortune, — un bon cœur, noble et hardi, — un esprit très-romanesque, — peu de connaissance du monde et beaucoup d'illusions.

Sa figure était charmante, mais d'une beauté trop gracieuse et trop féminine.

Il aurait pu jouer, dans Figaro, Suzanne ou Chérubin indistinctement.

Ce jour-là, il semblait fort triste.

Il cherchait visiblement à s'isoler.

Plus d'une fois, il avait essuyé furtivement une larme qui coulait sur sa joue.

Ceci tenait à ce que le pauvre Georges avait pris trop au sérieux son rôle de cousin.

Comme il est de tradition dans tous les romans, et aussi dans tous les vaudevilles, que le cousin de la mariée doit être passionnément épris de ladite mariée, — Georges n'avait point manqué à l'usage établi et il adorait Henriette

très-consciencieusement et de la meilleure foi du monde.

En cela, du reste, il faisait au moins preuve de goût.

Rien ne se pouvait voir de plus ravissant que mademoiselle de Valvert, avec sa robe blanche, son voile nuptial et sa couronne symbolique, si virginale et si bien portée.

L'attente du bonheur, et la certitude que ce bonheur était proche, donnaient une expression rayonnante et radieuse aux beaux yeux de la jeune fille, et adoucissaient ce que ses regards avaient quelquefois de trop intrépide et de trop décidé.

Cependant, une vague inquiétude, un indéfinissable pressentiment, commençaient à tourmenter Henriette et faisaient tantôt pâlir, tantôt rougir ses joues fraîches et veloutées comme une pêche.

L'heure fixée était dépassée, — dépassée de près de vingt minutes.

Alfred n'arrivait pas.

Ce retard était inexplicable !

M. de Vibray regardait souvent la pendule, et, en voyant la marche rapide des aiguilles, un vif éclair de joie venait étinceler dans ses yeux.

Déjà on commençait à former mille conjectures, toutes plus absurdes et plus ridicules les unes que les autres.

Déjà même on murmurait presque tout haut contre un oubli des convenances qui, de fait, était au moins bizarre.

Les plus optimistes supposaient qu'Alfred s'était cassé la jambe ou la tête en route.

Georges de Vibray souhaitait charitablement que ce fût la tête.

Tout à coup, on entendit retentir sur la terre sèche et foulée de l'avenue le rapide galop d'un cheval.

— C'est lui ! — s'écria-t-on d'une commune voix.

Et l'on courut à la fenêtre pour assister à l'entrée du marié.

Ce n'était pas Alfred cependant, mais un domestique portant sa livrée.

Sans doute il précédait la voiture de son maître.

C'était assez vraisemblable ; aussi ne fut-on pas peu étonné quand on vit ce domestique donner un billet à l'un des gens de mademoiselle de Valvert, et, sans même mettre pied à terre, tourner la tête de son cheval du côté de Paris et repartir du même train dont il était venu.

Le billet qui venait d'arriver d'une façon aussi étrange fut immédiatement apporté au salon.

Il était adressé à Henriette.

Mais l'adresse était tracée d'une main si tremblante que les caractères en étaient pour ainsi dire méconnaissables.

La jeune fille pâlit en le recevant.

Elle hésita un moment avant de l'ouvrir.

Chacun semblait deviner que dans cette lettre il y avait l'annonce d'un malheur.

Cependant elle brisa le cachet.

Elle jeta l'enveloppe et elle lut.

Elle lut, — puis tout à coup ses yeux s'agrandirent, et son regard épouvanté sembla s'attacher au papier par une force surnaturelle et fatale.

Sa figure devint livide et prit une expression d'angoisse, d'horreur, de désespoir et d'effroi.

Le billet s'échappa de ses mains, et elle serait tombée elle-même sans connaissance sur le parquet, si l'on ne s'était empressé autour d'elle pour la soutenir.

Quand Henriette sortit de ce demi-évanouissement, son regard, errant pendant un instant autour d'elle, incertain et douteux, attesta le désordre de son esprit.

Mais bientôt elle aperçut à terre, à ses pieds, le billet que personne n'avait ramassé.

Alors elle se souvint de tout.

Une subite et brûlante rougeur empourpra son front.

Elle ramassa le papier avec un mouvement convulsif, et elle s'écria avec une sorte d'égarement :

— Écoutez-moi ! écoutez-moi tous ! et si l'un de vous peut m'expliquer le coup qui me frappe, qu'il parle !... oh ! qu'il parle !... car, moi, je vous le jure devant Dieu ! moi, je ne comprends pas !

Un cercle haletant d'anxiété se forma autour d'Henriette, et, d'une voix brisée par l'émotion, elle lut tout haut les lignes suivantes :

« Vous avez dû rire de moi bien souvent, mademoiselle, — de moi, et surtout de ma tendresse si confiante et si crédule.

« Le voile est enfin déchiré !

« Il était grandement temps, n'est-ce pas ?

« Je n'ai plus d'affection pour vous, — je n'ai pas de haine non plus ; il ne me reste qu'un peu de pitié et beaucoup de mépris !

« Pardonnez-moi ce dernier mot, qu'un galant homme ne devrait jamais adresser à une femme...

» Mais que voulez-vous ! l'indignation l'emporte , — non pas à cause de votre conduite qui maintenant ne me regarde pas, — mais en pensant que j'ai été si près de la honte et du malheur d'être votre mari.

« Adieu, mademoiselle, — soyez heureuse, si vous pouvez.

« ALFRED DE JUVISY. »

— Il m'écrit cela ! — s'écria Henriette en sanglotant quand elle eut achevé, — il me torture ! il m'insulte ! ! ! et je suis une femme ! et je n'ai pas de père ! ! ! et je n'ai pas de frère ! ! — Oh ! mon Dieu ! ! ! mon Dieu ! ! ! mon Dieu ! ! !

Et elle se laissa tomber dans un fauteuil, en proie à une violente crise nerveuse.

Tout le monde se taisait, atterré.

Georges de Vibray se détacha du groupe et s'avança près d'Henriette.

— Vous n'avez pas de frère, — lui dit-il, aussitôt qu'elle fut en état de l'entendre : — mais vous avez un cousin, un cousin qui vous aime plus qu'un frère et qui vous défendra comme un frère.

— Vous, Georges ! — murmura Henriette.

— Oui, moi ! — répondit le jeune homme, moi qui vous aimais sans vous le dire, et qui ne vous l'aurais jamais dit, car j'étais pauvre, vous étiez riche, et vous aviez donné votre cœur.

« Mais, aujourd'hui, je vous dis tout haut que je vous aime, car aujourd'hui peut-être je mourrai pour vous, Henriette...

« Et j'aurai le droit de vous défendre, — ajouta Georges après un moment de silence, — car j'ai l'honneur de vous demander votre main à vous d'abord, ma cousine, et ensuite à notre tante...

« Oh ! ne craignez rien, et ne vous hâtez pas de répondre, — reprit-il vivement en voyant un mouvement d'Henriette. — Oh ! ne craignez rien ! — vous me refuserez plus tard, je le sais, — mais, pour aujourd'hui, je suis votre fiancé et j'use de mes droits...

Sans attendre une réponse il sortit du salon, et cinq minutes après il galopait sur la route de Paris.

Les invités se séparèrent presque aussitôt, et Henriette alla s'enfermer dans sa chambre, où des larmes abondantes la soulagèrent un peu.

IV. — LA LETTRE ANONYME.

M. de Juvisy occupait un charmant entre-sol dans la rue Lafitte.

Georges de Vibray connaissait ce logement.

Aussi, à peine descendu de cheval, il y courut.

— M. le vicomte est-il chez lui ? — demanda-t-il au concierge.

— Non, monsieur, — répondit ce dernier.

— Son domestique pourrait-il me dire où il le rencontrerai ?

— Son domestique est sorti.

— Vous en êtes sûr ?

— Parfaitement sûr.

— Alors, — dit Georges en prenant une chaise et en s'asseyant, — j'attendrai ici le retour de l'un des deux, car est indispensable que je parle sans retard à M. de Juvisy.

Le concierge échangea avec sa femme un coup d'œil significatif.

Cette dernière fit un geste d'acquiescement et sortit de la loge après avoir dit à Georges :

— Votre nom, monsieur, je vous prie ?...

Georges se nomma.

Au bout d'un instant, la portière revint.

— M. le vicomte avait fait défendre sa porte pour tout le monde, dit-elle, — mais il me charge de faire savoir à M. de Vibray qu'il aura l'honneur de le recevoir ; ainsi, si monsieur veut monter...

— A l'instant.

— Monsieur connaît la ____ ____.

— Parfaitement.

Et Georges monta.

Le valet de chambre d'Alfred l'attendait sur le seuil et l'introduisit.

Il traversa deux pièces meublées avec une élégance de bon goût, et arriva dans la chambre à coucher où se trouvait Alfred.

A peine en présence du jeune homme, il fut frappé du changement que quelques heures avaient apporté dans la physionomie de ce dernier.

Ses traits étaient bouleversés et singulièrement altérés.

Un profond sillon de bistre entourait ses yeux rougis — et — symptôme caractéristique et irrécusable d'une véritable douleur — sa chemise était fripée et sa cravate nouée avec une complète négligence.

— Il a dû beaucoup souffrir ! — se dit Georges involontairement.

M. de Juvisy fit deux pas au-devant du visiteur.

Il lui rendit son salut avec une politesse cérémonieuse, mais sans lui tendre la main, ainsi qu'il avait l'habitude de le faire, et il lui demanda d'une voix dont les cordes basses et assourdies témoignaient d'un chagrin sérieux et contenu :

— A quel motif dois-je attribuer la visite de M. Georges de Vibray ?

En présence d'Alfred, — en face de la solennelle gravité de la démarche qu'il venait, — Georges avait perdu une bonne partie de son assurance.

— Vous me demandez le motif de ma visite... ne le devinez-vous pas, monsieur ?

— Peut-être, mais j'ai le désir de vous l'entendre formuler à vous-même.

— Il me semble qu'après ce qui s'est passé il y a quelques heures... après votre conduite insultante... après la lettre inqualifiable que vous avez écrite...

Alfred interrompit M. de Vibray du geste et de la voix.

— Vous venez ici comme parent de mademoiselle Henriette de Valvert, n'est-ce pas ? — lui demanda-t-il.

— Comme parent et comme fiancé, — répondit Georges avec énergie.

— Comme fiancé ? — répéta M. de Juvisy stupéfait.

— Oui, monsieur.

— Mais vous n'y songez pas, monsieur !!! Vous ne pouvez pas être le fiancé de celle que j'allais épouser dans une heure.

— Je ne l'étais pas il y a une heure, — je le suis maintenant.

— Expliquez-vous, monsieur, ceci est très-grave ; et croyez bien que, quelle que soit la chose que vous veniez me demander, aussitôt après que nous aurons eu ensemble une explication indispensable je serai entièrement à vos ordres.

— En face de l'insulte si lâche et si gratuite que vous avez faite à ma cousine, je me suis présenté, — j'ai demandé sa main...

— Et, — dit vivement Alfred, — vous l'avez obtenue ?

— Je ne sais pas encore, mais je l'espère.

— Ainsi, vous aimez Henriette ?

— J'aime ma cousine, oui, monsieur.

— Depuis longtemps ?

— Depuis longtemps, oui, monsieur.

Georges subissait malgré lui l'empire de la parole grave, calme, paternelle pour ainsi dire, de M. de Juvisy.

Il s'étonnait de répondre à ses questions, mais il répondait.

— Vous l'aimez ! — répéta Alfred avec une expression tout à la fois amère et compatissante, — vous l'aimez depuis longtemps ! pauvre enfant ! — et vous êtes venu sans doute chez moi pour me chercher querelle et pour me conduire sur le terrain les armes à la main !...

— Je suis venu vous demander raison d'une insulte qui m'atteint moi-même en frappant ma cousine.

— Eh bien ! répondit Alfred, — je vous répète que je suis à vos ordres ; mais d'abord, écoutez-moi, car il faut que vous sachiez tout, — il le faut pour vous et pour moi, pour notre honneur à tous les deux, et pour votre bonheur peut-être...

— Je suis prêt à vous entendre, — dit Georges.

— Nous avons vécu dans le même monde, — reprit M. de Juvisy d'un ton de bienveillance presque inexplicable après la provocation qui venait de lui être adressée ; vous me connaissez depuis longtemps d'ailleurs, et vous savez que j'ai toujours passé pour un honnête homme et pour un galant homme. — Vous savez cela, n'est-ce pas ?

— Oui, sans doute.

— Ceci étant, croyez, mon ami, qu'il a fallu des choses bien terribles pour me faire ainsi sortir de mon caractère, pour me faire écrire une lettre semblable à celle que j'ai écrite à *cette femme !*

— *Cette femme !!!* — s'écria Georges en pâlissant.

— Écoutez-moi sans colère, je vous en supplie, — reprit Alfred, — et souhaitez, comme je le souhaite pour vous, qu'il ne vous arrive jamais de voir d'un seul coup tous vos rêves brisés, — tout votre avenir détruit, — toute votre vie bouleversée, — ainsi que cela m'arrive à moi...

— Je ne vous comprends pas, monsieur ! — interrompit Georges.

— Vous ne me comprendrez que trop tôt !

M. de Juvisy alla à son secrétaire.

Il l'ouvrit, et, dans un des tiroirs, il prit un médaillon peint sur ivoire, qu'il présenta à Georges en lui disant :

— Regardez ceci.

— Son portrait !!! — s'écria le jeune homme après avoir jeté les yeux sur le médaillon.

— Oui, son portrait. — Comment croyez-vous qu'il se trouve entre mes mains ?

— Sans doute elle vous l'a donné elle-même. — Aux termes où vous en étiez ensemble, je ne vois là rien que de fort naturel.

— Vous vous trompez, mon ami, ce portrait ne me vient pas d'elle.

— De qui donc, alors ?

M. de Juvisy retourna au secrétaire.

Dans le même tiroir où il avait pris le médaillon, il prit un papier qu'il tendit à Georges.

— Lisez cette lettre, — lui dit-il.

Georges jeta les yeux sur le billet.

Il était adressé à Alfred, et timbré de la veille au soir.

— Lisez tout haut, je vous en prie, ajouta M. de Juvisy.

Georges lut tout haut ce qui suit :

« Monsieur,

« Cette lettre est anonyme, et je sais à merveille qu'un pareil écrit n'est digne d'aucune espèce de créance, excepté cependant quand son auteur est un ami sincère, qui peut fournir la preuve de tous les faits qu'il avance, — la preuve matérielle, — palpable, — lumineuse.

« C'est précisément le cas dans lequel se trouve l'auteur de cette lettre.

« Vous êtes au moment de tomber dans un abîme, monsieur.

« Grâce au ciel, il est temps encore de vous arrêter sur le bord.

« Un jour de plus, il eût été trop tard !!!

« Je n'ignore pas que la blessure que je vais faire à votre cœur sera profonde, — saignante, — douloureuse.

« Il me faut du courage et beaucoup de courage, je vous le jure, pour vous faire souffrir ainsi.

« Mais ce courage, je l'aurai.

« Mon affection pour vous, monsieur, est trop vive et trop sincère, je vous tiens en trop haute estime, pour vous laisser de propos délibéré tomber tête baissée dans un piège qui rendrait votre position terrible et cette fois sans ressources.

« Vous vous mariez, monsieur.

« Demain vous épousez mademoiselle Henriette de Valvert.

« Eh bien ! on vous trompe, — monsieur — on vous prend pour dupe, — on se joue de vous d'une manière infâme !

« Celle à qui vous allez donner votre nom, — celle que vous croyez une chaste et pure enfant, est une *fille perdue !* — oui, une *fille perdue !* ni plus ni moins.

« C'est incroyable, n'est-ce pas, ce que je vous dis là ?

« C'est pourtant vrai !

« Voici les faits.

« Après les faits viendront les preuves.

« L'hiver dernier, tous les jours, — sans y manquer une seule fois pendant plus de quatre mois, — entre onze heures et onze heures et demie du matin, — tandis qu'on la croyait à l'église Saint-Roch, — mademoiselle Henriette de Valvert, enveloppée dans une grande pelisse brune, est venue seule et à pied au n° 270 de la rue Saint-Honoré.

« Là, elle entrait chez le portier, — elle prenait la clef d'une chambre garnie située au troisième étage de la maison, et elle montait.

« Au bout de quelques instants son amant, — un homme

marié que je ne puis nommer, — venait la rejoindre.

« Ils passaient une heure ensemble, puis ils se séparaient pour se retrouver le lendemain.

« Je vous envoie le portrait de mademoiselle Henriette, peint tout exprès pour son amant. — (L'adresse du peintre est au bas du portrait.)

« Allez à la maison indiquée.

« Prenez des informations. — Faites causer la portière. — Montrez-lui le portrait.

« Il est probable qu'elle reconnaîtra sans peine une femme qu'elle a vue tous les jours, pendant quatre mois, et à qui elle a cent fois parlé.

« Plusieurs des locataires de la maison, qui la rencontraient dans l'escalier, la reconnaîtraient également.

« On ignorait qui elle était, et on la désignait sous le nom de *mademoiselle Henriette.*

« Quand vous aurez tout vu par vous-même, — quand vous aurez contrôlé la valeur de mes affirmations, — si vous doutez encore, si vous persévérez dans l'intention de donner votre nom à une jeune fille assez profondément dépravée pour être la maîtresse d'un homme dont elle ne pouvait pas être la femme, puisque cet homme est marié...

« Si vous consentez enfin à être *avant* la bénédiction nuptiale ce qu'on n'est ordinairement qu'assez longtemps *après*...

« À votre aise, monsieur !

« Concluez ! — épousez !

« Vous en êtes parfaitement le maître.

« L'ami qui vous écrit en ce moment pensera, à la vérité, que vous êtes devenu fou, et qu'il serait prudent de songer à vous faire interdire...

« Mais du moins il vous aura prévenu.

« Sa conscience d'honnête homme et d'ami dévoué ne lui reprochera rien. »

Georges avait fini.

La lettre lui tomba des mains.

V. — RUE SAINT-HONORÉ, 270.

— Eh bien ? — dit M. de Juvisy, — vous avez lu... qu'en dites-vous ?

Georges fut un moment sans répondre.

L'émotion lui serrait la gorge.

Quand enfin il put parler, sa réponse fut une question.

— Et... après avoir reçu cette lettre, — demanda-t-il, — qu'avez-vous fait ?...

— J'ai cherché à douter, — j'ai cru à un mensonge audacieux, — à une mystification odieuse, — à une plaisanterie infâme ; — j'ai couru à la maison que l'on indiquait dans la rue Saint-Honoré...

— Et... là... qu'avez-vous appris ?...

— On a d'abord refusé de me répondre, — la portière était payée pour garder le silence...

— Et ensuite...

— J'ai donné dix louis à cette femme pour la faire taire, — je lui en ai donné vingt pour la faire parler ; — alors les renseignements ont été si exacts, — si complets, — si détaillés, — si unanimes, — si parfaitement d'accord avec ceux que m'avait apportés la lettre, que la vérité m'est apparue terrible et inattaquable.

— Oh ! mon Dieu !...

— Je suis rentré chez moi, à demi fou de rage et de douleur. — J'ai passé toute la nuit à pleurer comme un enfant, et, ce matin, rassemblant dans un suprême effort le peu de courage et d'énergie qui me restaient, j'ai écrit la lettre que vous avez lue au château de Valvert... — Et maintenant, monsieur de Vibray, maintenant que vous savez tout, je vous répète pour la troisième fois que je suis à vos ordres, si vous persistez dans le projet qui vous a amené chez moi.

Georges garda le silence pendant un instant.

Puis il tendit la main à Alfred en lui disant :

— Soyons amis, monsieur, si vous le voulez bien, car nous avons aimé, car nous souffrons ensemble.

— Merci, — répondit Alfred en serrant affectueusement la main que lui tendait le jeune homme.

Ce dernier reprit :

— Je me suis jeté comme un fou dans une triste et honteuse affaire. — Mon rôle est déplorable ! — Je me suis offert à Henriette comme un champion, comme un défenseur ; — je suis parti pour la venger, et, maintenant, quand elle va me demander compte de ma conduite (car elle osera m'en demander compte !) et maintenant que lui répondre ?

— Faut-il donc lui dire, comme déjà vous le lui avez dit, vous, que si je n'ai pour elle ni affection ni haine, il me reste au moins un peu de pitié et beaucoup de mépris ?

— Qu'importe ce que vous lui direz, si réellement vous ne l'aimez plus ?

— Je vous jure que c'est fini ! bien fini ! Je vous jure que je ne l'aime plus !

— Alors, ne vous plaignez pas ! — vous êtes heureux ! — bien heureux ! — plus heureux que moi ! — plus heureux mille fois ! — car, moi, je l'aime encore !

—

Georges de Vibray avait quitté le vicomte de Juvisy après l'entretien que nous avons rapporté.

Sans qu'il le sût, ses pas s'étaient dirigés vers la rue Saint-Honoré.

A son insu, il s'arrêta devant la maison qui porte le numéro 270.

Là, un dernier doute, — nous devrions dire plutôt une dernière lueur d'espérance, — vint frapper son esprit.

Il entra et s'approcha de la loge du concierge.

La portière, fort occupée à donner le fouet à son dernier enfant, ne le vit pas d'abord

Il fut obligé de répéter à deux reprises :

— Madame... madame ?

Enfin elle tourna la tête, et voyant un jeune homme *fort bien couvert* (ainsi qu'elle se le dit mentalement), elle accourut sur le seuil de son taudis et demanda d'un air presque gracieux :

— Qu'y a-t-il pour votre service, monsieur ?

— Pourrais-je vous dire deux mots en particulier, madame ?

— Quatre si vous voulez. — répliqua la portière, pressentant qu'il y avait de l'argent à gagner. — Donnez-vous la peine d'entrer dans la loge.

Georges baissa la tête et pénétra dans un réduit de six pieds carrés, orné d'un poêle de fonte sur lequel le contenu d'une marmite cuisait activement et bruyamment.

Ce contenu n'était autre qu'une gibelotte de lapin de choux accommodée au vin blanc et aux petits oignons.

L'épaisse et odorante vapeur qui s'en exhalait, rendait suffocante l'atmosphère de la loge.

Mais Georges, quoique délicat comme un Parisien pur sang habitué à toutes les recherches du confort et du luxe, ne s'aperçut pas même de la chaleur et des parfums suspects, tant sa préoccupation était grande.

La portière lui avança une chaise sur laquelle il s'assit, car le plafond de la loge était si peu élevé qu'il lui aurait été impossible de se tenir debout, et il aborda nettement la question en ces termes :

— Il est venu quelqu'un hier au soir ici, vous demander certains renseignements ?

— Mais, monsieur !... — s'écria la portière se tenant sur la défensive pour conserver l'avantage de la position.

— Ce quelqu'un, qui est de mes amis, — continua Georges, — vous a donné dix louis.

— Eh bien ! monsieur, quand cela serait ?...

— Cela est. — Moyennant ces dix louis, vous avez satisfait à toutes ses questions. En voici dix autres, — répondez-moi comme vous lui avez répondu. — Cela vous convient-il ?

— Comment ! monsieur, si ça me convient ! — s'écria avec enthousiasme la portière, qui, pour la dixième partie de la somme qu'on lui présentait, aurait non-seulement dit tout ce qu'elle savait, mais encore inventé ce qu'elle ne savait pas. — Grand Dieu ! je crois bien que ça me convient, et je suis prête à renseigner monsieur sur tout ce qu'il lui conviendra de me demander ; — j'imagine que c'est, comme hier, au sujet de mamzelle Henriette...

Georges tressaillit.

Une sorte de frisson douloureux lui traversa les veines en entendant le nom de celle qu'il aimait, le nom de sa cousine, prononcé par une telle bouche.

— Oui, — répondit-il cependant, — il s'agit de mademoiselle Henriette.

— Une bien gentille petite dame, monsieur, et jolie comme les amours, et pas fière du tout ; elle causait jusqu'à des cinq minutes avec moi, ici, dans la loge, juste à la place où vous êtes.

Georges tressaillit de nouveau.

— Pendant combien de temps est-elle venue dans votre maison ? — demanda-t-il.

— Pendant quatre mois, monsieur.

— A dater de quelle époque ?

— A dater du milieu du mois de décembre de l'année dernière jusqu'au quinze avril de cette année. — Je me rappelle les quantièmes, voyez-vous, parce que M. Auguste me donnait vingt francs par mois pour faire la chambre et allumer le feu.

— Qu'est-ce que c'était que M. Auguste ?

— C'était l'amant de mamzelle Henriette.

— Vous ne connaissiez de lui que ce nom ?

— Oui, monsieur, et encore je crois que c'était un nom de guerre qu'il prenait comme ça pour courir son guilledou, à cause qu'il était marié.

— Savez-vous par quel hasard il avait pris un logement dans votre maison ?

— Je vais vous dire, monsieur. — J'avais mis à la porte un écriteau qui portait : *Belle chambre de garçon meublée à louer présentement.* — Un matin que je balayais le trottoir, un joli coupé s'arrête en face de moi ; un monsieur en descend (c'était M. Auguste, mais je ne le connaissais pas encore), il regarde l'écriteau et me dit qu'il veut voir la chambre ; je le fais monter, et, chemin faisant, il m'explique qu'il a pour maîtresse une petite dame qu'il ne peut voir chez lui parce qu'il est marié, ni chez elle parce qu'elle demeure avec une vieille parente, et qu'il cherche dans ce quartier-ci une chambre dans une maison honnête...

« — Ça sera bien votre affaire, — que je lui réponds, — car, pour être honnête, la maison l'est, et la chambre est superbe.

« Quand il a eu visité le local qui certainement n'est pas cher, — soixante francs par mois, — il a dit que c'était bien ça, et que ça lui convenait d'autant mieux que ça touchait à Saint-Roch, et que la petite dame passerait pour être à l'église, tandis qu'elle viendrait le voir en catimini ; — vous comprenez. — Bref, il m'a donné cinq francs, et le soir il a envoyé deux fauteuils de supplément en damas de soie magnifique et six paires de draps pour le lit, parce qu'il trouvait que les draps qui y étaient n'étaient pas assez fins.

« Le lendemain, j'ai allumé du feu, à onze heures, comme il me l'avait dit, et onze heures et demie la petite dame est arrivée.

« Depuis ce temps, monsieur, elle n'a jamais manqué de venir, quelque temps qu'il fît.

« Voilà, monsieur, l'histoire de la chose ; — si monsieur veut savoir autre chose, monsieur n'a qu'à parler.

— On vous a montré un portrait hier, n'est-ce pas ? — demanda Georges après le récit de la portière.

— Un portrait de mademoiselle Henriette... oui, monsieur.

— Le trouvez-vous ressemblant ?

— Ah ! je crois bien, monsieur ; c'est comme si on la voyait dans un miroir, la chère mignonne ! — D'ailleurs, je le connaissais déjà, ce portrait. — C'est dans la chambre d'ici qu'il a été fait ; — le peintre est venu trois jours de suite.

— La chambre dont vous parlez est-elle occupée dans ce moment ?

— Non, monsieur...

— Pourrais-je la voir ?

— Certainement. — Je vais y conduire monsieur tout de suite.

La portière prit une clef, sortit de la loge, passa devant Georges, et s'engagea dans un escalier assez large, mais fort sale.

Arrivée au troisième étage, elle s'arrêta.

— C'est là ! — dit-elle.

Et elle ouvrit une porte donnant sur une très-petite pièce qui précédait l'unique chambre de ce logement exigu.

Cette chambre ressemblait à toutes celles des hôtels garnis de troisième ou quatrième ordre.

Elle sembla hideuse à Georges.

Un tapis à raies rouges et vertes couvrait le sol, qui n'était point parqueté, mais tout simplement carrelé.

Les meubles, consistant en un sopha, deux fauteuils, quatre chaises et une table ronde, étaient en acajou et dataient du temps de l'Empire, ainsi que l'attestaient leurs formes prétentieusement grecques — et le velours d'Utrecht jaune — (étoffe aujourd'hui disparue comme les carlins) —

et le velours d'Utrecht jaune, disons-nous, qui recouvrait les sièges.

Le lit *à bateau* disparaissait à demi dans une alcôve, devant laquelle se drapaient des rideaux de calicot blanc ornés d'une bordure rouge *à la grecque*.

La pendule placée sur la cheminée représentait — comme on doit naturellement le supposer — le classique *dieu du jour*, debout sur son char à deux roues et poussant éternellement ses *coursiers* immobiles.

Deux épreuves détestables de l'*Amour et Psyché* et de *Pygmalion et Galatée* pendaient au mur dans des cadres de pacotille.

Les fenêtres donnaient sur la cour.

Georges s'approcha de l'une d'elles, et soudain il recula comme doit reculer un homme qui vient de marcher sur un serpent, en voyant le nom d'*Henriette de Valvert* tracé avec un diamant sur la vitre.

Sans doute la jeune fille, attendant son amant et distraite par la pensée de son amour, avait machinalement écrit son nom avec la pierre d'une petite bague qu'elle portait toujours à son doigt et que Georges connaissait bien.

Ainsi donc, le premier venu, — un étudiant oisif, logé loin du quartier latin pour s'éviter jusqu'à la tentation d'aller à son cours, — un commis de magasin, — une fille perdue, peut-être, — pouvaient lire le nom d'Henriette, tracé sur la vitre d'une chambre suspecte, dans une maison mal habitée!!!

C'était horrible!

Du bout de sa canne, Georges brisa le carreau, dont les éclats jaillirent sur le pavé de la cour.

La portière ne s'étonna point de cette fantaisie.

Seulement, elle tendit la main en disant:

— C'est trente sous, monsieur; — les vitriers n'en remettent pas à moins.

Georges lui jeta une pièce de monnaie et sortit.

Il étouffait.

Il lui semblait dans cette chambre maudite, entendre le bruit des baisers d'Henriette.

Il lui semblait, entre les rideaux de ce lit banal, voir la jeune fille s'abandonner aux caresses d'un étranger, d'un inconnu.

. . . .

La portière l'avait suivi précipitamment et l'accompagnait jusqu'à la rue avec force courbettes, révérences et salutations.

Georges se retourna.

— Et vous m'avez dit que c'était à onze heures que cette jeune femme venait chaque jour?...

— Entre onze heures et onze heures et demie.

— Et vous m'avez dit qu'à partir du 15 avril vous ne l'aviez pas revue?

— Elle est venue ici le 14 pour la dernière fois.

Georges courut à la maison que mademoiselle Anastasie de Valvert et sa nièce habitaient dans la rue Gaillon, maison qui appartenait à Henriette.

Là, il apprit que la maison que mademoiselle Anastasie de Valvert et sa nièce habitaient dans la rue Gaillon, maison, à onze heures, la jeune fille sortait avec une femme de chambre pour aller entendre la messe dans l'église Saint-Roch!

Enfin, c'était le 15 avril que mademoiselle Anastasie et sa nièce avaient quitté Paris!!

VI. — LA CONFESSION D'UN MORT.

Le lendemain du jour où son mariage avait été rompu d'une manière si imprévue et si cruelle, le courrier du matin apporta deux lettres à Henriette.

Ces deux lettres portaient le timbre de Paris.

L'une d'elles, très-volumineuse et scellée d'un large cachet de cire rouge, attira tout d'abord son attention.

Sous la première enveloppe il y avait une feuille de papier contenant quelques lignes, puis une seconde enveloppe scellée de trois cachets noirs.

Les quelques lignes disaient ceci:

« Mademoiselle,

« Monsieur votre père, dont, comme vous le savez, j'avais l'honneur d'être le notaire, m'a fait appeler la veille de sa mort, et, en outre de son testament, il m'a laissé les papiers ci-joints.

« Il m'a, de plus, donné l'ordre exprès de vous les remettre ou faire remettre le lendemain du jour de votre mariage.

« Vous devez être, depuis hier, vicomtesse de Juvisy.

« Ma mission est remplie.

« Je remets ce dépôt entre vos mains.

« Agréez, je vous prie,... etc... »

Henriette brisa les cachets de la seconde enveloppe, et reconnut qu'en effet les papiers qu'elle contenait portaient l'écriture de M. de Valvert.

Voici ce qu'elle lut:

« Je sens que ma dernière heure est proche, mon enfant, et je remercie du fond du cœur le Dieu juste et bon qui, en me laissant ma connaissance tout entière jusqu'au dernier moment, me permet de jeter un coup d'œil désolé sur les erreurs, les folies et les fautes dont ma vie est pleine, et me met à même, autant que cela peut dépendre de moi, d'en réparer peut-être quelques-unes.

« Le moment est venu de te révéler un secret qui ne doit point périr avec moi.

« Je ne veux pas cependant que ce secret parvienne à ta connaissance avant le jour de ton mariage, et je prends mes mesures en conséquence. »

. . . .

En lisant ces dernières lignes, Henriette hésita.

Le notaire ne lui avait envoyé les papiers dont il était dépositaire que parce qu'il avait cru que son mariage était accompli.

N'allait-elle pas, en continuant sa lecture, désobéir aux dernières, aux solennelles volontés de son père mourant!...

Elle lut au moment de remettre dans l'enveloppe la lettre qu'elle avait commencée.

Mais je ne sais quel instinct prophétique lui fit entrevoir que, sans doute, le secret qu'elle allait apprendre influerait sur sa destinée, et l'aiderait peut-être à voir clair dans le sombre mystère au milieu duquel elle se débattait depuis la veille.

Elle demanda pardon à Dieu et à son père de la faute qu'elle allait commettre...

Et elle continua:

« Je vais te faire l'aveu d'une faute, mon enfant...

« D'une faute qui a tué ta mère!

« Sois indulgente pour ton père. Henriette!

« Pour ton père qui meurt et qui se repent!...

« Je suis né avec des passions ardentes, et manquant d'un empire suffisant sur moi-même, — manquant surtout de ces principes fermes et invariables sans lesquels il n'y a ni force ni vertu, — je n'ai jamais su commander à ces passions, — je me suis toujours laissé dominer et diriger par elles.

« Quand, il y a vingt ans, j'épousai ta mère, j'étais depuis longtemps sous le joug d'une de ces liaisons illégitimes pour lesquelles le monde professe une coupable indulgence, mais qui, le plus souvent, entraînent à leur suite des conséquences déplorables.

« J'avais séduit une jeune fille qui s'appelait Pauline Vordier.

« Cette jeune fille appartenait aux dernières classes de la société, — elle était d'une beauté parfaite. — Je l'avais adorée, mais à l'époque dont il s'agit je ne tenais plus à elle que par les liens si forts, — si indestructibles — de l'habitude.

« Dès le premier jour de mon mariage, j'aurais dû rompre ces liens.

« Je le sentais à merveille.

« Mais je n'en avais pas le courage.

« Je pris le plus lâche, — le plus insensé de tous les partis.

« Je résolus de tromper à la fois et ta mère et ma maîtresse.

« Je dis *tromper*, car Pauline m'aimait, Pauline était jalouse, et elle ne m'aurait pas plus pardonné mon mariage que ta mère ne m'aurait pardonné sa trahison.

« Pendant quelque temps je parvins à accomplir mon funeste projet.

« Pauline venait de me donner une fille.

« Elle était toute à son enfant, et si parfois elle s'étonnait de voir que mes visites devenaient chaque jour de plus

en plus rares, de plus en plus courtes, elle ne soupçonnait
rien cependant.

« Ta mère était grosse de sept mois.

« J'étais heureux, — aussi heureux du moins qu'on peut
l'être quand on est poursuivi par une préoccupation con-
stante, celle de voir découvrir une chose qu'on a un immense
intérêt à garder secrète.

« Un jour, j'allai comme de coutume chez Pauline.

« Je lui trouvai un air étrange qu'elle n'avait pas habituel-
lement.

« Ses yeux étaient rouges; on voyait qu'elle avait beaucoup pleuré.

« Je l'interrogeai.

« Elle refusa de me répondre.

« Je voulus embrasser sa fille.

« Elle retira l'enfant de mes bras, et s'enferma avec lui
dans une autre chambre où je l'entendis sangloter.

« J'interrogeai la femme de chambre de Pauline.

« Elle ne savait pas la cause du chagrin de sa maîtresse,
ou du moins elle ne voulut rien me dire.

« Ta mère m'attendait. — Je ne pouvais rester plus longtemps.

« Je m'éloignai très-inquiet, très-tourmenté, mais ne soup-
çonnant pas encore toute l'étendue du malheur qui me menaçait.

« La journée se passa sans amener d'incidents nouveaux.

« Le lendemain matin ta mère fut saisie d'une fièvre assez
violente pour me donner quelque inquiétude.

« Je ne voulais pas quitter le chevet de son lit.

« J'écrivis à Pauline afin de lui dire que des affaires très-
importantes m'obligeaient à m'absenter de Paris jusqu'au
lendemain, que, par conséquent, je la priais de ne pas m'attendre ce jour-là.

« Puis je lui envoyai cette lettre par mon valet de chambre
qui était à mon service avant mon mariage, qui connaissait
toutes mes intrigues et en qui j'avais la confiance la plus absolue. .

« Ce même jour, vers quatre heures, — au moment où
pour la première fois ta mère venait de s'assoupir, — le
bruit de la sonnette de la porte d'entrée, agitée avec une
violence convulsive, me fit tressaillir et réveilla la malade
en sursaut.

« Presque au même instant, j'entendis mon nom prononcé
très-haut dans la pièce voisine par une voix de femme.

« Je devins pâle comme la mort, et il me sembla que mon
cœur cessait de battre...

« J'avais reconnu la voix de Pauline.

« Je voulus me précipiter à sa rencontre afin de l'arrêter.

« Il n'était plus temps.

« Avant même que j'eusse fait un mouvement, Pauline
était entrée dans la chambre à coucher.

« Il y avait dans tous ses traits une effrayante expression
de colère et d'égarement. — Elle tenait sa fille dans ses bras.

« — Voilà donc les affaires importantes qui vous empê-
chent de venir chez moi! s'écria-t-elle avec amertume et
ironie. — Il faudra donc, à l'avenir, que je vienne vous chercher jusqu'ici!!!

« Je voulus parler.

« Les paroles expirèrent sur mes lèvres, — muettes de
honte et de fureur.

« — Qu'elle est cette femme? — demanda ta mère en se
soulevant avec effroi sur son séant.

« — Qui je suis? — répondit Pauline en s'avançant jusqu'auprès du lit, — je suis la maîtresse de votre mari, madame...

« Ta mère se tourna de mon côté, et son regard sembla
me dire : Cette femme est folle, n'est-ce pas?

« Je baissai les yeux devant ce regard interrogateur.

« Ta mère comprit tout et elle s'écria :

« — Que l'on chasse cette femme !!!

« — Non, madame, — répondit Pauline, — non, madame, on ne me chassera pas d'ici; — il ne me laissera pas
chasser, lui, votre mari, qui sait bien que j'ai des droits autant que vous, car si vous êtes sa femme, moi je suis sa maîtresse, — si vous portez un enfant dans votre sein, l'enfant
que je porte dans mes bras est sa fille!...

« Ta mère poussa un grand cri et s'évanouit.   ◆

« Quand elle revint à elle, elle avait le délire.

« Au bout d'une heure, tu venais au monde — avant terme.

« Une heure après, ta mère était morte!

. . . .

« Tu vois, pauvre Henriette, tu vois que j'ai besoin d'im-
plorer ton pardon... »

. . . .

. . . .

Henriette était arrivée à la moitié de sa lecture, à peu
près.

Elle s'interrompit un instant.

Le récit de la mort de sa mère l'avait profondément émue.

Elle avait besoin de reprendre un peu de calme.

————

VII. — LES TROIS LETTRES.

Au bout d'un instant, elle continua :

« Le soir de ce même jour, et tandis que je pleurais auprès du corps à peine refroidi de ta mère, je reçus un mot
de Pauline.

« Elle m'écrivait que, certaine de ne plus être aimée, elle
ne voulait pas survivre à son désespoir.

« — Envoyez demain réclamer à la Morgue mon cadavre qu'on y portera sans doute. — ajoutait-elle, — et
prenez soin de ma fille, qui est la vôtre.

« Je voulus douter de ce nouveau malheur.

« J'envoyai chez Pauline.

« Elle avait disparu, et le lendemain, en effet, les dalles
humides de la Morgue comptaient un hôte de plus.

« La malheureuse femme s'était précipitée dans la Seine

« Comme elle me le demandait et comme je le devais, je
pris soin de son enfant qui s'appelait Augustine.

« Cette enfant est ta sœur.

« Je la fis élever dans un pensionnat distingué des environs de Paris.

« Mais, hélas! elle avait hérité de l'âme trop ardente de sa
mère et de mes passions indomptables.

« Son imagination précoce et dépravée, son cœur vicié
avant l'âge ne permirent pas de la conserver dans un établis-
sement honorable où elle risquait de corrompre toutes ses
compagnes.

« On la mit ailleurs.

« Au bout de peu de temps, le résultat était le même.

« Vainement je l'entourai d'une surveillance occulte.

« Vainement, protecteur inconnu, je cherchais à la guider
dans sa vie.

« Entraînée par ses penchants mauvais et par sa beauté
fatale, car elle te ressemble autant par la figure, Henriette,
qu'elle diffère de toi par les instincts du cœur et de l'esprit,
elle commit une première faute.

« Une seconde suivit bientôt.

« De chute en chute, elle tomba si bas que je me vis forcé
de l'abandonner complètement.

« Ce fut un nouveau tort, je le sais, car enfin cette femme
était ma fille, — était ta sœur.

« Elle vit aujourd'hui parmi ces créatures de mœurs
perdues, qui peuplent les hauteurs de la rue Breda et les
environs de l'église Notre-Dame de Lorette, dont elles ont
reçu le nom.

« On ne l'appelle plus Augustine Verdier, elle a pris, je
ne sais pourquoi, le pseudonyme de Tourmente.

« Le dernier domicile que je lui ai connu était au numéro 9
de la rue des Martyrs.

« Peut-être ne l'a-t-elle pas encore quitté.

« Dans tous les cas, fais en sorte de savoir ce qu'est
devenue et tâche de la retrouver.

« Ton mari, auquel il est convenable que tu montres cette
lettre, te guidera dans tes démarches.

« Veille sur ta sœur avec prudence, sans qu'elle puisse
soupçonner quels sont les liens qui l'attachent à elle.

« Peut-être serait-il encore temps de l'empêcher de se
traîner tout à fait dans la fange, ou, tout au moins, de l'en
retirer si la pauvre fille y est tombée déjà.

« N'oublie pas que le même sang coule dans vos veines
à toutes les deux.

« Mais, encore une fois, mon enfant bien-aimée, de la
discrétion et de la prudence.

« N'agis en rien sans avoir consulté ton mari, et que lui
seul au monde connaisse le secret que je te révèle.

« Je sens mes pensées qui se troublent...

« Je sens qu'un voile épais s'étend devant mes yeux...

« La mort arrive...

« Je souhaite que le pardon de Dieu et le tien puissent venir avec elle...

« Adieu, mon Henriette... ma fille... adieu... adieu...

. . . .

. . . .

Après avoir achevé cette longue et triste lecture, mademoiselle de Valvert resta d'abord absorbée dans ses réflexions douloureuses dont nos lecteurs devineront facilement la nature.

Peu à peu, cependant, elle sortit de l'apparente torpeur où l'avait plongée la révélation de tous les événements étranges qui venaient de se dévoiler à elle comme dans un rêve.

Alors elle se souvint de la seconde lettre qu'on lui avait apportée en même temps que celle qu'elle venait de lire.

Elle prit cette lettre.

Elle l'ouvrit machinalement et la commença avec distraction et seulement des yeux.

Son esprit était ailleurs.

Mais bientôt elle pâlit plus encore qu'elle n'avait pâli la veille en recevant le billet d'Alfred.

Car elle lisait les lignes suivantes :

« Vous savez, mademoiselle, dans quel but j'ai quitté hier le château de Valvert.

« Une heure après mon départ, j'étais à Paris chez M. le vicomte de Juvisy.

« Je l'ai trouvé.

« IL SAIT TOUT.

« IL M'A TOUT APPRIS.

« Je ne dois pas, je ne puis pas vous en dire davantage, car il y a des choses qui, de quelque manière qu'on les dise, sont cependant des insultes terribles...

« Et je ne veux pas vous insulter.

« Soyez certaine, mademoiselle, qu'autant que cela dépendra de M. de Juvisy et de moi, ce fatal secret ne deviendra pas public.

« Malheureusement nous ne sommes pas les seuls qui le possédions.

« Vous avez mis tant de gens dans votre confidence!!!

« Vous trouverez tout simple, je suppose, que, quoique votre cousin, je n'aie plus l'honneur de me présenter chez vous.

« D'ailleurs, je quitte Paris pour quelque temps avec M. le vicomte Alfred de Juvisy, *mon ami*.

« GEORGES DE VIBRAY. »

La lettre de Georges s'échappa des mains d'Henriette, qui, elle-même, tomba à la renverse sur le tapis, — roide et comme frappée de la foudre.

—

L'évanouissement d'Henriette dura plusieurs heures.

Quand elle revint à elle-même, elle était dans son lit.

Elle se sentait brisée, mais calme.

Elle voulut relire la lettre de son père et celle de M. de Vibray.

On les lui apporta, et, en même temps, un troisième billet qui était arrivé pendant l'évanouissement de la jeune fille.

Une main qui contrefaisait évidemment son écriture avait tracé l'adresse.

— C'est sans doute le coup de grâce! — Voyons! — se dit Henriette avec le triste sourire d'un condamné résigné à mourir.

Et elle lut :

« Vous aimiez Alfred. — Alfred vous méprise.

« Georges vous aimait. — Georges vous méprise.

» Le monde vous aimait. — Le monde vous méprisera bientôt.

« J'avais juré de me venger.

« Je me venge. »

Il n'y avait pas de signature.

— Je ne comprends pas! — dit Henriette en jetant cette lettre. — Est-ce bien à moi qu'on s'adresse?...

« Est-ce bien moi, — qui n'ai jamais fait de mal à personne, — qui suis entourée de tant de haine et d'infamies?...

« Que signifient toutes ces lettres?...

« Qui me guidera au milieu du dédale où je me perds?

« Mon Dieu, — est-ce que ma tête s'égare?

« Mon Dieu, — est-ce que je deviens folle?

« Ceux que j'aime me parlent de mépris...

« Ceux que je ne connais pas me parlent de haine et de vengeance!!!

« Mon Dieu, protégez-moi! — mon Dieu, ayez pitié de moi! — mon Dieu, secourez-moi! — mon Dieu! éclairez-moi!!! »

Henriette, à moitié nue et assise sur le bord de son lit, cacha sa tête brûlante dans ses deux mains et se mit à pleurer amèrement.

Puis, tout à coup, une énergie fiévreuse remplaça son profond abattement.

— Je ne veux plus rester ici! — s'écria-t-elle, — je veux retourner à Paris... chercher cette sœur dont parle mon père, la retrouver, la voir et l'aimer...

« Elle a fait des fautes, dit-on! — Mon Dieu! et moi aussi, on dit que j'en ai commis!!!

« Mon père l'a abandonnée comme on m'abandonne aujourd'hui!

« Peut-être n'est-elle pas plus coupable que moi...

« Comme moi, elle doit souffrir!!

« Nous pleurerons ensemble, puisque nous sommes malheureuses toutes deux... »

Henriette s'habilla rapidement.

Elle quitta sa chambre, — elle alla rejoindre mademoiselle Anastasie de Valvert, sa tante, et lui témoigna son désir de retourner à Paris sur-le-champ.

Mademoiselle Anastasie ne pouvait pas même avoir l'idée de s'opposer à une volonté d'Henriette, surtout dans un moment pareil.

Le lendemain matin, les deux femmes partirent pour Paris.

—

Aimer une femme de toutes les forces de son âme et de sa jeunesse.

L'aimer avec respect, — l'aimer avec adoration...

Et savoir un jour, —jour de malheur! — que cette femme était une mortelle, et cet ange un ange déchu...

Cela brise d'abord le cœur, et l'on regrette avec colère d'avoir jeté des trésors de tendresse aux pieds d'argile d'une idole au front d'or.

Puis, la tristesse et le découragement succèdent à la colère.

On pleure de voir si bas celle qu'on avait placée si haut.

On gémit de tomber sur la terre après avoir rêvé les cieux — et — parfois — on se prend à douter — on ne peut croire à la mort de toutes ses illusions — on espère contre l'évidence.

Ce qui plus d'une fois s'est passé dans notre cœur, peut-être, comme dans celui de tous ceux qui nous lisent, se passa dans le cœur de Georges.

Après de longues et désolantes réflexions — sur la faute de sa cousine — autant qu'on pouvait l'être d'une chose en ce monde — il en arriva cependant à se dire :

— Mais, non! — c'est impossible!

« Où donc ce regard si loyal et si franc aurait-il appris le mensonge?

« Comment cette jeune fille, — un enfant presque! — ferait-elle pour ne plus rougir?

« Ces principes si purs, — ces croyances si solides, dans lesquels elle a été élevée, qui donc aurait pu si vite les lui faire oublier?...

« Et puis, cet homme à qui on l'accuse de s'être livrée, — où l'aurait-elle connu, cet homme?

« Pourquoi l'aurait-elle aimé? »

Et il arrivait sans cesse à cette conclusion, toujours la même :

— Non! non! — c'est impossible!

— Le jour de son mariage — se disait-il encore — quand elle a reçu la lettre d'Alfred, elle aurait su que tout était découvert si elle avait été réellement coupable; — elle n'aurait pas lu tout haut cette lettre accusatrice, et elle ne l'aurait pas, surtout, accepté pour défenseur!

« Elle doit être innocente...

« Elle est innocente à coup sûr!

« Il faut que je la voie!

« Il faut que je lui parle et qu'elle se justifie. »

Georges, se trouvant dans des dispositions semblables, n'eut pas de peine à faire naître un prétexte pour quitter

M. de Juvisy et lui laisser continuer seul le voyage qu'ils avaient commencé ensemble.

Il revint à Paris, et, à peine arrivé, il monta à cheval et courut au château de Valvert.

Là il apprit que mademoiselle Anastasie et sa nièce avaient regagné depuis quatre ou cinq jours leur hôtel de la rue de Gaillon.

VIII. — LES BOTTINES DE TOURMENTÉ.

Augustine Verdier, ou plutôt *Tourmenté*, puisque dans le monde de la galanterie elle était connue généralement sous ce sobriquet, à l'exemple des *Mogador*, des *Frisette* et des *Rose-Pompon*, n'habitait plus le n° 9 de la rue Neuve-des-Martyrs.

Au moment où nous allons faire connaissance avec elle, elle *perchait* au sixième étage d'une maison nouvellement bâtie de la rue de Navarin.

Nous nous servons à dessein du mot *percher*, qui est une des expressions favorites du vocabulaire de ces dames, et qui exprime assez bien l'instabilité forcée et les perpétuels déménagements de ces oiseaux légers et voyageurs.

Il était une heure de l'après-midi, et Tourmenté, encore couchée, bavardait avec sa domestique, tout en roulant entre ses doigts un petit chiffon de papier satiné.

Disons tout de suite qu'ainsi que la plupart de ses sœurs en amour, Tourmenté vivait avec sa femme de chambre sur le pied d'une intimité d'autant plus grande que les gages de la camériste étaient fort inexactement payés, et que la maîtresse compensait de son mieux la pénurie pécuniaire par les douceurs d'une intimité charmante.

— Ainsi, ma petite Joséphine, — disait Tourmenté en défripant son chiffon de papier et en lui redonnant à peu près l'apparence d'une lettre, — tu ne devines pas de qui ça peut venir ?

— Ma foi non.

— *Henriette de Valvert !* — C'est la première fois de ma vie que j'entends prononcer ce nom-là.

— Moi aussi.

— Cette dame qui me prie de lui *faire l'honneur* d'aller la voir aujourd'hui à trois heures. — C'est drôle !

— Ce n'est pas une de vos anciennes amies de pension, par hasard ?

— Je ne crois pas. — Dans les deux maisons où j'ai été, je n'ai connu aucune *Henriette de Valvert*.

— Qu'est-ce qu'elle peut bien vous vouloir, cette dame ?...

— Ah ! voilà ! — Si nous le savions, nous saurions probablement aussi qui elle est.

— Ça m'intrigue fort !

— Et moi, donc ! — A propos, quelle heure est-il ?

— Comment voulez-vous que je vous le dise, puisqu'il y a ici absence générale de montres et de pendules ?

— Ah ! dam ! qu'est-ce que tu veux ? — Les destins et les amants sont changeants, ma chère ! — Après l'opulence, la débine !

— A qui le dites-vous, hélas !

— Si cette dame allait me prêter de l'argent, pourtant...

— Ah ! ouiche !

— C'est ça qui serait une chance ! — Je retirerais ma montre du *plan*...

— Et la mienne, donc ! que vous m'y avez fait mettre.

— Je payerais les deux termes de loyer...

— Et mes gages aussi, j'espère !

— Oh ! d'abord, toi, Joséphine, tu es toujours à parler de tes *gages*...

— Tiens, donc ! — trois mois à trente francs, ça fait quatre-vingt-dix francs, savez-vous, sans compter les avances...

— Eh bien, on te les payera, mon Dieu ! tes quatre-vingt-dix francs... et tes avances aussi...

— Oui, mais quand ?

— Quand j'aurai de l'argent.

— La semaine des quatre jeudis !

— Dieu que tu es bête, ma fille ! — Vois-tu, j'ai comme une idée que je serai riche la semaine prochaine.

— Oh ! vous avez toujours cette idée-là, vous !... — Jamais inquiète !... jamais tourmentée !...

— Et à quoi donc que ça me servirait de me tourmenter ?

Pour me faire pâlir les joues et rougir les yeux ! — plus souvent ?

— Et à quoi donc que ça vous sert d'être jolie comme vous l'êtes, puisque ça vous rapporte faut-il dire rien ?...

— D'abord ça me sert à être jolie, et c'est beaucoup — et puis la chance tournera, ma chère, et la débine n'est pas éternelle ! — La femme Moïse qui m'a tiré les cartes hier m'a annoncé un amant brun et de l'argent comme s'il en pleuvait... pour la semaine prochaine.

— Ah ! si les cartes ont dit cela, c'est différent.

— Voyons, Joséphine, va-t-en donc savoir l'heure chez la voisine d'en face. Je veux aller rue Gaillon chez cette dame ; je tiens à être exacte, et il faut encore que je déjeune.

— J'y vais.

Joséphine sortit et revint au bout d'une minute.

— Eh bien ? — demanda Tourmenté.

— Une heure.

— Et mon rendez-vous est pour trois heures ! — Fichtre ! je n'ai que le temps de me dépêcher !

La lorette sauta à bas de son lit.

— Donne-moi des bas... — dit-elle à sa camériste.

— En voilà.

— Ils sont troués : j'en veux d'autres.

— Il n'y en a pas.

— Comment, il n'y en a pas ! — J'en ai sept paires !

— Oui ; mais la blanchisseuse refuse de les rendre. On lui doit quatre notes.

— Alors, fais un point à ceux-ci. — Dans quel état sont mes bottines bleues ?

— Déchirées.

— Et les vertes ?

— Plus de talon à la gauche.

— Comment faire ?

— Je n'en sais rien.

— Et des gants ?... Ai-je des gants, Joséphine ?

— Par le moindre. — Vous êtes revenue de Nabille hier au soir les mains nues.

— Je sais bien. — J'avais perdu en route la paire que Victor m'a achetée il y a trois jours. — Je ne puis cependant pas aller chez cette dame sans gants et sans bottines.

— Le fait est que c'est difficile.

— Douze francs de bottines et cinquante sous de gants, ça fait quatorze francs cinquante. — Il me faut quatorze francs cinquante, Joséphine...

— Je vous le souhaite. — Si je les avais, je serais peut-être assez bête pour vous les donner encore ; — mais je ne les ai pas.

— Emprunte-les.

— A qui ?

— A qui tu voudras.

— Je trouverai plutôt la pie au nid que quatorze francs.

— Eh bien ! mettons quelque chose en gage.

— Quoi ? — Il n'y a plus rien ici.

— Tu te figures ça ?

— Alors, montrez-moi les objets, — je me charge d'aller les porter chez *ma tante*.

— Dieu, que tu es impatientante ! — tu vas voir.

Et Tourmenté courut à son armoire à glace qu'elle ouvrit. Elle était vide.

La commode, explorée dans tous ses coins, et recoins ne donna pas un résultat plus satisfaisant.

La jeune femme — en chemise et en pantoufles — entra dans le salon.

Le salon était parfaitement dégarni de tout, excepté des gros meubles que le propriétaire n'aurait à aucun prix laissé sortir avant le payement intégral des termes échus et du terme à échoir.

Tourmenté promena sur les murs dépouillés et sur les étagères désertes un regard désolé.

— Rien ! — rien ! — rien ! — murmura-t-elle.

— Qu'est-ce que je vous disais ? — s'écria Joséphine.

— Comment faire, mon Dieu ! comment faire ?

En ce moment on sonna à la porte.

— Va voir qui est là ! — s'écria Tourmenté, — et si c'est un créancier, je n'y suis pas.

— Cette bêtise ! vous n'avez pas besoin de me le recommander ! — Je prends assez vos intérêts, Dieu merci !

Joséphine alla ouvrir la porte et Tourmenté rentra dans sa chambre.

Au bout d'une seconde, la soubrette reparut.

— Qui était-ce ? — demanda Tourmenté.

— Peut-être vos quinze francs.

— Bah ! — dans la personne de...?

— Dans la personne de M. Anastase.

— Ce grand dadais de collégien qui demeure en face avec sa *maman!* cet imbécile qui m'envoie des déclarations si bêtes et qui me *fait de l'œil* quand je suis sur ma terrasse?...
— Juste.
— Mais, ma chère, il n'a pas le sou.
— Il a toujours bien quinze francs.
— Et où est-il, ce monsieur?
— A la porte. — Je lui ai dit que vous dormiez encore et que j'allais voir. — Il attend...
— Fais-le entrer au salon et viens m'habiller.
— Moins vous serez habillée, plus vite vous aurez votre argent...
— Tu as raison. — Je vais seulement mettre un peignoir.
— Dépêchez-vous... dépêchez-vous, car le temps se passe.
— C'est l'affaire d'une seconde.

Tourmente, — que nous ne décrirons pas, renvoyant tout bonnement nos lecteurs au portrait d'Henriette, sa sœur, dont elle était la vivante image, nous le savons déjà, — Tourmente, disons-nous, s'enveloppa à demi dans un peignoir blanc entr'ouvert et alla rejoindre au salon M. Anastase, grand adolescent d'une vingtaine d'années, tenu très-serré par une mère fort rigoriste, et qui n'avait pu, — malgré les pieux conseils et les exemples édifiants dont il était sans cesse entouré, — résister aux charmes profanes de la lorette, sa voisine d'en face...

Quand Tourmente entra dans le salon où il l'attendait, il devint pourpre de pudeur et d'émotion.

Ce jouvenceau candide en était à ses premières armes.

Tourmente le salua d'un petit signe de tête qui tenait à la fois de la chatte et de la couleuvre, et se laissa tomber gracieusement en face de lui sur un divan.

Anastase restait debout, — les yeux écarquillés, — la bouche béante et les bras ballants.

— Asseyez-vous donc! — lui dit la lorette.

Anastase s'assit.

— A quel motif dois-je le plaisir de votre visite, mon cher monsieur? — demanda Tourmente avec une coquetterie provoquante.

— Mademoiselle... — commença Anastase.

Mais la voix lui fit défaut pour continuer.

La déclaration orale l'étouffait.

— Eh bien?... — demanda Tourmente avec un sourire moitié encourageant, moitié railleur.

Anastase prit son courage à deux mains.

— Mademoiselle, — reprit-il, — je suis votre voisin d'en face...

— Je sais bien. — Je vous ai remarqué souvent... vous me regardez quelquefois d'un air... très-drôle...

— Vous ser est vous adorer fut pour moi l'affaire d'un instant, — continua Anastase tout d'une haleine, — et je n'ai pu résister au désir ardent de vous peindre mes sentiments...

— Ainsi, vous m'aimez?

— Pour la vie!

— C'est bien long! — s'écria Tourmente avec un effroi comique et un petit rire charmant.

— Ça me semblerait trop court à vos pieds!...

— Vous êtes galant, monsieur Anastase...

— Non, mademoiselle, je suis sincère.

— Et vous voudriez sans doute que de mon côté...

— Vous m'aimassiez! — oh! oui!... oui! oui! — s'écria le jeune homme, achevant la phrase que Tourmente avait laissée interrompue à dessein.

— Eh bien! je ne dis pas non, je me sens pour vous quelque inclination, et quand nous nous connaîtrons mieux...

— Oh! bonheur!

— En attendant, je vous autorise à m'inviter à dîner pour un de ces jours, — celui que vous voudrez... Je suis parfaitement libre dans ce moment...

Et tout en prononçant ces douces paroles qui faisaient tressaillir d'aise le cœur amoureux du collégien, Tourmente, par une inadvertance admirablement calculée, oubliait de serrer son peignoir contre sa poitrine et laissait entrevoir à l'œil ébloui d'Anastase les trésors d'une gorge charmante.

Le pauvre garçon se sentait enivré.

En ce moment la femme de chambre frappa légèrement à la porte du salon.

— Entrez, — dit Tourmente.

Joséphine se montra.

— Qu'y a-t-il? demanda la lorette.

— On vient pour les bottines.

— Apporte-t-on la facture acquittée?

— Oui, madame.

— Eh bien, prends dans l'armoire à glace le billet de cinq cents francs et va le changer.

— J'ai cherché déjà ce matin; il n'y a pas de monnaie dans le quartier.

— C'est contrariant! — dit Tourmente.

Puis elle ajouta en se tournant vers Anastase :

— Vous n'auriez pas sur vous, par hasard, la monnaie de cinq cents francs?

— Je n'ai que vingt francs! — dit Anastase en rougissant jusqu'aux oreilles.

— Vingt francs! — c'est justement ce qu'il me faut, ça m'évitera d'envoyer changer au boulevard. — Joséphine, prends les vingt francs de monsieur; — tu auras soin, ma fille, de les lui reporter dans la journée.

Joséphine fit deux pas et tendit la main.

Anastase donna ses quatre pièces de cent sous avec une joie mêlée de beaucoup de regrets.

Car, si naïf qu'il fût, il n'ajoutait point une entière croyance à la restitution annoncée...

— Cher monsieur Anastase, — dit Tourmente aussitôt que Joséphine fut sortie avec l'argent, — je suis obligée de vous quitter en ce moment, car j'ai une longue course à faire et ma toilette me réclame; mais je n'ai pas besoin d'ajouter que toutes les fois que vous voudrez venir me voir, vous serez bien reçu.

Tout en parlant, la jeune femme avait quitté son divan, elle avait reconduit Anastase jusqu'à l'antichambre, et elle l'avait mis poliment mais littéralement à la porte.

Ensuite elle rentra dans la chambre à coucher où se trouvait Joséphine préparant la robe et le chapeau de sa maîtresse.

— Le tour est joué! — s'écria Tourmente avec une gaîté folle et bruyante :

« La victoire en chantant nous ouvre la barrière,
« La carotte guide nos pas !...
« Tra... la... la... la... »

J'aurai des bottines neuves, j'aurai des gants neufs, et encore par-dessus le marché il me restera de l'argent pour prendre une voiture ! — Vive la charte ! — Donne-moi à déjeuner, ma fille.

Puis, tandis que Joséphine allait faire les emplettes indispensables pour lesquelles le jeune Anastase venait de fournir si libéralement les fonds, Tourmente déjeuna d'un petit pain et d'une tranche de saucisson, et commença sa toilette afin d'être à trois heures rue Gaillon, chez Henriette de Valvert, — sa sœur.

Il importe maintenant d'expliquer à nos lecteurs comment et par suite de quels incidents *Augustine Verdier*, surnommée *Tourmente*, était descendue, ainsi que nous venons de le voir, aux derniers échelons de la Bohême parisienne.

C'est ce que nous allons faire dans le chapitre suivant.

IX. — L'ODYSSÉE D'UNE LORETTE.

Nous reprenons les choses de haut.

M. de Valvert, après la mort si terrible et si imprévue de sa femme et de sa maîtresse, se trouva avec deux enfants : Henriette et Augustine.

Il ne pouvait braver les préjugés du monde à ce point de faire élever une bâtarde avec sa fille légitime, — surtout une bâtarde adultérine, née dans des circonstances aussi déplorables.

Augustine fut donc mise en nourrice à Fontenay-aux-Roses.

A l'âge de cinq ans, M. de de Valvert l'envoya chez les fermiers d'une terre qu'il avait en Touraine, et il fit dire à ces braves gens qu'Augustine était l'enfant d'un de ses anciens amis, mort dans la misère, et qui, à son lit d'agonie, lui avait recommandé sa fille dont il prenait soin par charité.

Cette histoire était fort vraisemblable.

Les fermiers ne conçurent pas l'ombre d'un doute.

Jusqu'à l'âge de treize ans environ, Augustine vécut à la campagne, en plein soleil, de la vie libre et agreste des sauvages filles des champs.

Le matin, elle accompagnait les bergers dans les prairies.

L'après-midi, elle errait dans les bois, cherchant sous la feuillée des fraises, des noisettes sauvages et des nids de merles ou de pinsons.

Le soir, hardie comme un garçon, elle enfourchait les robustes bidets de la ferme, et sans selle, sans étriers, sans autre bride qu'une mauvaise corde, elle les conduisait au galop à l'abreuvoir.

Cette existence, émaillée de pain bis, de soupe aux choux et de laitage frais, donna à l'enfant une santé vigoureuse, sans nuire cependant à l'élégance naturelle de ses formes, et développa ses forces physiques en laissant parfaitement incultes ses facultés intellectuelles.

M. de Valvert était riche.

Voici quels étaient ses projets à l'endroit d'Augustine :

Il comptait faire donner à sa fille naturelle une éducation, sinon très-brillante, du moins solide et suffisante.

Puis, quand elle aurait atteint sa dix-huitième année, lui constituer une dot de cent mille francs et la marier à quelque brave jeune homme qui en ferait, soit une riche commerçante, soit une bourgeoise des plus aisées.

On voit qu'Augustine n'avait qu'à se laisser conduire pour mener une vie parfaitement calme et parfaitement heureuse.

Mais le hasard, — la fatalité, si l'on veut, puisque c'est ainsi qu'on appelle cette force invincible qui nous dirige malgré nous, — le hasard, à ce qu'il paraît, en avait décidé autrement.

A quatorze ans, Augustine fut envoyée dans un pensionnat situé à Auteuil.

La première année se passa bien.

Augustine était à la vérité indocile et rétive.

Elle regrettait sa vie campagnarde d'autrefois.

Elle regrettait l'espace et la liberté.

Elle regrettait ses moutons, — ses oiseaux, — ses promenades sans but sur les coteaux et dans les bois.

Toute étude lui était insupportable.

Ses maîtres lui semblaient des tyrans, — ses livres des ennemis mortels.

Mais peu à peu, en employant avec sagesse et mesure tantôt la douceur tantôt la sévérité, on parvint à dompter le caractère rebelle de la fougueuse enfant.

Une fois qu'elle eut consenti à étudier, elle apprit mieux que personne.

Son intelligence et son aptitude étonnaient et charmaient.

On la citait comme un prodige.

On la donnait comme exemple à ses compagnes.

Mais voici qu'un beau jour l'enfant devint rêveuse.

Elle cessa de se mêler aux jeux bruyants des autres pensionnaires.

On la vit errer, le soir, toute seule, dans les allées les plus obscures du jardin de la pension.

Elle n'apprenait plus, — elle ne jouait plus, — elle ne parlait plus.

Elle s'isolait avec des pensées mystérieuses, qui parfois venaient colorer ses joues d'un nuage pourpre et voiler d'une ardente langueur ses regards autrefois si vifs et si joyeux.

L'âge de puberté commençait pour Augustine.

L'enfant se faisait jeune fille.

Aussitôt que la voix des sens eut parlé pour la première fois, cette voix se fit entendre sans trêve et sans relâche.

Aussitôt que les ardeurs du sang paternel se furent éveillées chez Augustine, ce sang courut de veines au cœur, toujours plus chaud, toujours plus embrasé, en enflammant le jeune corps qu'il vivifiait.

Le démon des nuits, accroupi au chevet du lit d'Augustine endormie, jeta dans son sommeil des visions étranges.

La vierge de quinze ans eut des songes de courtisane.

Par un prodige inouï, mais fréquent, la science du mal vint à Augustine par les rêves.

Chaque nuit des fantômes charmants accouraient, dans le chaste silence du dortoir, célébrer leurs mystérieuses bacchanales.

La jeune fille changeait visiblement.

Ses joues amaigries pâlissaient.

Une légère teinte bleuâtre, qui s'assombrissait chaque jour, entourait ses yeux agrandis.

Une sorte de consomption semblait la conduire, par une marche lente mais sûre, vers une mort inévitable.

Les médecins n'y comprenaient rien.

Et Augustine, on s'en doute, se gardait bien de les éclairer.

—

L'état de choses que nous avons rapporté dans les pages précédentes durait depuis quelque temps déjà, quand une nouvelle pensionnaire fit son entrée dans la maison d'Auteuil.

L'arrivante avait seize ans.

Elle s'appelait Mathilde.

Elle était grande, mince et brune, belle plutôt que jolie, et d'une beauté presque effrayante, tant cette beauté décelait d'ardeur.

Ses cheveux étaient noirs, — très-épais, — naturellement ondés, et plantés si bas par derrière, que sa nuque, large et charnue, était couverte d'une infinité de cheveux follets, si bouclés qu'ils échappaient aux dents du peigne.

Des sourcils touffus et bien arqués ombrageaient de grands yeux noirs, toujours humides et dont on ne pouvait soutenir le brillant éclat.

Un léger duvet brun se dessinait au-dessus de sa bouche, petite et fraîche.

La lèvre inférieure était un peu épaisse et mordue presque continuellement par une rangée de dents blanches comme des perles.

Il était impossible de voir un contraste plus frappant que celui de la splendide et puissante beauté de Mathilde avec celle de la blonde et pâle Augustine.

Rien non plus, selon toute apparence, ne devait être plus dissemblable que les caractères des deux jeunes filles.

Et cependant, peut-être en vertu de ce vieil axiome : *Les extrêmes se touchent*, — dès le soir de son arrivée, Mathilde témoigna à Augustine une préférence des plus marquées.

Le lendemain, elles étaient amies.

Le surlendemain, elles semblaient inséparables.

. . . .
. . . .
. . . .
. . . .
. . . .

—

Cependant, il était impossible que certains soupçons ne s'éveillassent pas.

Ces soupçons furent lents à naître.

L'accusation qu'il s'agissait de porter était tellement énorme, tellement invraisemblable, que les esprits n'osaient même s'y arrêter.

Mais, aussitôt formés, ces soupçons grandirent et ne tardèrent point à se changer en une désolante certitude.

La preuve fut enfin acquise.

Il fallait couper le mal dans sa racine, mais, par-dessus toute chose, éviter le scandale ; sans quoi la réputation du pensionnat, jusqu'à présent intacte, était à tout jamais perdue.

Mathilde et Augustine furent renvoyées sous un prétexte futile.

Une lettre instruisit M. de Valvert des motifs de ce renvoi.

Il crut à beaucoup d'exagération dans le récit des faits qui lui étaient ainsi révélés.

Et après avoir laissé Augustine passer trois mois à la ferme où elle avait été élevée, il résolut de la remettre dans une autre pension.

La pension choisie par M. de Valvert était une maison assez célèbre de la rue du Faubourg-Saint-Honoré.

Un immense jardin s'étendait sur les derrières et offrait aux jeunes filles de longues allées, de fraîches pelouses et des ombrages touffus.

De trois côtés ce jardin donnait sur des terrains vagues.

Du quatrième, il était borné par un autre jardin, au milieu duquel s'élevait un hôtel particulier.

Mais, de ce côté, la muraille d'enceinte était très-élevée, et un épais rideau de peupliers protégeait les jeux des pensionnaires contre les regards indiscrets.

M. de Valvert, sans entrer cependant dans des détails qui eussent rendu impossible l'admission d'Augustine, l'avait fait recommander à la directrice d'une façon toute particulière, comme ayant des instincts qui pouvaient facilement devenir mauvais, et sur lesquels il était urgent de veiller.

Une intimité par trop grande avec l'une de ses jeunes compagnes devait aussi être évitée autant que possible.

Les précautions prises contre elle, — la surveillance spéciale dont elle était l'objet, exaspérèrent Augustine.

Elle se promit de s'y soustraire le plus tôt possible; mais, dans sa rouerie précoce, elle eut assez d'empire sur elle-même pour dissimuler ses sentiments et pour feindre une soumission parfaite et une résignation exemplaire.

L'occasion souhaitée si vivement ne se fit d'ailleurs pas attendre.

L'hôtel dont nous avons parlé, et qui s'élevait dans le jardin contigu à celui de la pension, appartenait au vieux duc de Lamothe-Hardy.

Le duc avait trois fils.

L'aîné s'appelait Hector et atteignait sa dix-huitième année. On le citait comme l'un des plus jolis garçons de Paris.

Nous n'avons pas à nous occuper des deux autres.

Dans le jardin de l'hôtel Lamothe-Hardy, et presque contigu au mur d'enceinte, se trouvait un vieux tilleul dont les branches noueuses s'étendaient jusqu'au couronnement de la muraille.

Un jour, les jeunes frères d'Hector imaginèrent de faire attacher une corde en deux endroits à l'une de ces branches et établirent ainsi à peu de frais une *balançoire* assez commode.

Le lendemain de ce jour, le fils aîné du duc se trouvant seul dans le jardin et entendant de l'autre côté de la muraille les frais éclats de rire des pensionnaires dont la récréation venait de commencer, eut l'idée de mettre à profit sa science gymnastique en grimpant à l'une des cordes de l'escarpolette.

Il atteignit ainsi la grosse branche, sur laquelle il s'avança avec l'adresse et la hardiesse d'un équilibriste de profession, jusqu'à ce que, parfaitement caché par les rameaux des peupliers, il pût contempler tout à son aise la bande joyeuse de jeunes et jolies filles qui s'ébattaient sans défiance sous son regard profane.

En ce moment Augustine était assise toute seule, sur un banc, à l'extrémité du jardin, et, comme de coutume, elle caressait son idée fixe : *la conquête de sa liberté.*

Or, le banc en question se trouvait précisément en face du tilleul sur lequel Hector était grimpé.

Augustine attira tout naturellement son attention.

Et comme la jeune fille était bien assez jolie pour le fixer, Hector ne s'occupa bientôt plus que d'elle.

Deux moineaux amoureux passèrent en se becquetant.

Augustine leva les yeux pour les suivre dans leur vol.

Il lui sembla apercevoir un léger frémissement dans les feuillages des peupliers.

Elle regarda mieux.

Au bout d'un instant, elle distingua très-nettement un jeune homme qui la couvrait d'un regard charmé.

Le premier mouvement d'Hector, en se voyant découvert, fut de se retirer précipitamment.

Mais comme il s'aperçut bien vite que non-seulement la jolie fille ne donnait point l'alarme, mais encore qu'elle ne quittait pas sa place et continuait à le regarder, il se rassura.

Bientôt même il s'enhardit au point d'écarter le rideau mouvant des peupliers, de manière à laisser voir à Augustine sa charmante figure.

Les hommes ont leur coquetterie et leur fatuité tout aussi bien que les femmes, — peut-être plus.

Il lui sembla qu'un léger sourire se dessinait sur les lèvres roses de la solitaire.

Son *audace* alors ne connut plus de bornes.

Il appuya résolûment ses deux doigts sur sa bouche, et il envoya un gros baiser, juste à l'adresse d'Augustine.

Cette dernière rougit malgré elle.

Elle baissa les yeux et ne rendit pas le baiser; mais elle ne témoigna par aucun geste qu'elle fût surprise ou mécontente de cette hardiesse.

Hector nageait dans la joie.

Déjà il combinait dans sa tête tout un plan de stratégie amoureuse.

Une cloche sonna.

Les pensionnaires éparses dans le jardin prirent à la fois leur vol vers la maison où l'étude les rappelait.

Augustine les suivit, — lentement, comme à regret — et se retournant à chaque pas pour regarder encore le jeune homme qui s'était remis à lui envoyer des baisers.

Avons-nous besoin d'ajouter qu'Hector descendit de son arbre aussi parfaitement amoureux qu'il soit possible de l'être à dix-huit ans?

Le soir de ce même jour, il fut obligé de sortir avec le duc son père, ce qui le désola, mais moins cependant qu'Augustine, qui se crut oubliée et qui avait fondé sur ce commencement d'aventure de prestigieuses espérances.

Aussi sa joie fut vive en voyant Hector réapparaître le lendemain, à l'heure de la récréation du matin.

Le jeune homme avait passé une partie de la nuit à écrire des lettres brûlantes qu'il déchirait aussitôt qu'elles étaient terminées, car il n'en trouvait jamais les expressions assez significatives.

Cependant il vint à bout de produire une dernière épître qui le satisfit à peu près.

Dans cette lettre, il peignait son amour en des termes très-forts; — il jurait une constance durable et un dévouement à toute épreuve.

Une fois cette belle œuvre achevée, il roula autour d'une balle de plomb la feuille de papier à laquelle il venait de faire dire tant et tant de choses si tendres, et il attendit avec une impatience inouïe le moment de la faire parvenir.

Hector était déjà installé sur sa branche, quand Augustine vint s'asseoir à sa place accoutumée.

Le jeune homme fit un signe qu'elle comprit.

Il tendit son tablier, dans lequel Hector jeta fort adroitement la balle de plomb et son enveloppe amoureuse.

Ceci fait, Augustine se retira un peu à l'écart pour lire en cachette le mystérieux billet qu'elle mit ensuite en sûreté dans le joli sanctuaire de sa gorgerette.

Quand elle revint, ses yeux brillants et son teint animé témoignaient une satisfaction manifeste et peu contenue.

Hector, forcé de garder le silence, — car s'il eût parlé, le bruit de sa voix l'eût bientôt trahi, — Hector, disons-nous, recourut à la pantomime.

Son geste signifia :

— *Répondez-moi.*

Ce à quoi Augustine répliqua de la même manière :

— *Je ne demande pas mieux, mais comment faire?*

— *Attendez un instant,* — murmurèrent les lèvres ou plutôt les yeux du jeune homme.

Il quitta son poste d'observation et descendit dans le jardin.

Là, il détacha la ficelle du cerf-volant d'un de ses frères.

A l'extrémité de cette ficelle, il attacha un petit caillou.

Puis il monta sur un arbre.

Une fois réinstallé, il laissa doucement couler le caillou et la ficelle du côté d'Augustine, et le jeu de sa physionomie voulut dire :

— *Attachez votre réponse au bout de ce fil conducteur.*

— *Oui,* — fit Augustine d'un signe de tête.

La cloche sonna de nouveau, et la jeune fille fut forcée de quitter le jardin.

Quand la récréation du soir ramena les deux amoureux en présence, la première action de la précoce pensionnaire fut de faire parvenir à Hector la réponse attendue.

Il la prit et la lut.

Elle était telle qu'il pouvait la désirer.

Elle eût effrayé un homme fait, à qui l'expérience acquise eût permis de juger l'effrayante dépravation de cette enfant de quinze ans qui écrivait : *je vous aime!* à un étranger qu'elle apercevait pour la troisième fois.

Mais Hector ne voyait pas si loin, et il fut enivré d'une joie sans mélange par les tendres paroles d'Augustine.

Ce commerce par lettres dura une semaine à peu près.

Mais déjà les entretiens muets ne pouvaient plus suffire aux deux amants.

« *Bon chien chasse de race,* » — dit un proverbe assez connu, et le vieux duc de Lamothe-Hardy, père d'Hector, avait été jadis un vert-galant qui se piquait point de platonisme dans ses amours.

Hector rêvait donc des jouissances plus sérieuses que des baisers à distance et de tendres serments échangés du haut d'un mur et du fond d'un jardin.

D'un autre côté, nous connaissons le caractère d'Augustine.

De plus, elle voulait en finir à tout jamais avec la pension.

Elle voulait, à tout prix, s'emparer d'une indépendance absolue.

Et elle croyait trouver en ce moment une occasion excellente d'arriver à ses fins; — occasion qui pouvait ne pas se représenter de longtemps, si elle la laissait échapper.

En conséquence, et comme Hector la suppliait de trouver un moyen de se voir, — et, — s'il se pouvait, — de plus, se quitter, elle finit par lui répondre ceci :

2

« Trouvez-vous demain, à dix heures et demie du matin, avec une voiture, dans la rue du Faubourg-Saint-Honoré, à cinquante pas de l'entrée de la pension.

« Procurez-vous aussi un logement quelconque où vous puissiez me cacher, — car une fois sortie d'ici, je n'y veux plus rentrer.

« AUGUSTINE. »

Hector, en lisant ces lignes, crut voir le ciel s'entr'ouvrir devant lui.

Il ne réfléchit pas une seconde à l'extrême gravité de la démarche qu'on lui demandait et aux suites terribles qu'elle pourrait entraîner pour lui.

Mais était-il bien coupable?

Dix-huit ans et l'amour... que d'excuses!

Augustine avait parfaitement combiné son plan.

Elle l'exécuta avec une rare audace et avec une habileté singulière.

Voici quel était ce plan :

Le lendemain, — jour fixé par elle à Hector pour l'accomplissement de leur fugue amoureuse, — le lendemain était un jeudi, le premier jeudi du mois.

Ce jour-là, toutes les pensionnaires dont les parents étaient à Paris, ou qui étaient demandées par des amis de leur famille, avec l'autorisation de celle-ci, bien entendu, pouvaient quitter la maison de dix heures et demie du matin à dix heures du soir avec les personnes qui venaient les prendre.

Un laissez-passer signé de la supérieure était délivré à chaque pensionnaire devant sortir, et le concierge n'ouvrait la porte que sur le vu de cette pièce officielle.

Augustine, qui s'était étudiée à imiter la signature de la supérieure, et qui était arrivée, à force de soin, à reproduire cette signature d'une manière presque identique, se fabriqua à elle-même un faux laissez-passer.

Ensuite, habillée comme pour une sortie, elle se joignit hardiment à un groupe de pensionnaires et de parents, et, présentant son exeat au portier, elle passa sans la moindre difficulté et se trouva dans la rue.

A cinquante pas elle aperçut une voiture auprès de laquelle Hector se promenait de long en large.

Elle monta dans cette voiture; — les stores furent baissés, et le jeune homme conduisit au certain petit appartement garni qu'il avait loué pour elle à l'entrée de la rue de Provence.

Nous n'avons pas à entrer ici dans le détail des joies amoureuses du couple jeune et charmant que nous mettons en scène.

L'intelligence de nos lectrices y suppléera.

—

Cependant la police était en émoi.

La disparition d'Augustine avait causé dans la pension un scandale inouï. — Toutes les mères retiraient précipitamment leurs filles de cet asile profané, et les commissaires et leurs agents faisaient des perquisitions dans leurs quartiers respectifs pour y retrouver la fugitive.

Comme Hector avait pris la précaution de louer sous un nom supposé le logement de sa maîtresse, — comme les jolies filles qui vivent seules sont nombreuses à Paris, — comme Augustine ne sortait jamais, et comme enfin le hasard vint en aide aux deux amoureux, les recherches de la police furent infructueuses.

Hector n'avait point quitté tout à fait l'hôtel de son père; seulement, il en sortait le plus souvent possible, et toutes les nuits il trouvait moyen de s'échapper furtivement pour aller rejoindre Augustine.

Le duc s'aperçut bien vite que son fils aîné changeait d'une manière effrayante.

Il devina qu'il y avait de l'amour sous jeu, et il fit à Hector une leçon de morale facile, dans laquelle il lui démontrait que l'usage immodéré de certains plaisirs, surtout dans la première jeunesse, conduisait bien vite à un épuisement complet, à une vieillesse anticipée, et enfin à un crétinisme sans remède.

Hector ne tint compte de ces avis bienveillants et continua à mener une vie qui n'eût point tardé à mettre sur le flanc trois de ces fameux cordeliers dont parlent les contes de nos pères.

Le duc prit le parti de faire garder Hector à vue dans l'hôtel et donna l'ordre exprès de ne point le laisser sortir.

Il résulta de cela qu'Hector, pendant la nuit, prit dans le secrétaire de son père quatre billets de mille francs et quelques pièces d'or, passa par-dessus les murs, rejoignit Augustine, et le lendemain, au point du jour, avant qu'on eût pu

remarquer son absence, partit avec elle pour Lyon, où ils arrivèrent sans encombre.

Pendant deux mois, — temps que durèrent les quatre mille francs, — l'existence des deux amants fut la plus joyeuse et la plus charmante du monde.

Puis Hector commença à s'inquiéter pour l'avenir.

Il avait tort.

Augustine ne tarda pas à le débarrasser, sinon de tout chagrin, du moins de tous soucis.

Elle s'était éprise d'un jeune premier du théâtre des Célestins et elle disparut un matin avec lui, — sans dire gare.

L'acteur et la jeune fille étaient allés à Marseille, où Augustine joua la comédie, — au théâtre et à la ville.

Quant à Hector, il n'avait autre chose à faire que de gagner Paris.

C'est ce qu'il fit.

Et le vieux duc son père, — le voyant revenir confus et désolé, — le reçut comme l'enfant prodigue.

Nous en avons fini avec lui.

—

Augustine passa quelques mois dans la vieille cité des Phocéens, puis, à l'approche de l'hiver, son époux de hasard se dit que Paris, la ville des arts et des artistes par excellence, réclamait son talent de premier ordre.

Dorival (nom de théâtre s'il en fut!) arriva donc à Paris avec sa maîtresse pour se mettre en quête d'un engagement, ou plutôt de deux engagements, car Augustine voulait aussi débuter.

Après beaucoup de démarches infructueuses, Dorival obtint au théâtre Beaumarchais cinquante francs par mois pour lui et vingt-cinq pour sa compagne.

De cet argent ils vécurent, — comme on vit à Paris avec soixante et quinze francs par mois.

Tout à coup la fortune sembla sourire à la jeune femme.

La police, — renseignée par hasard, — vint prévenir M. de Valvert que mademoiselle Augustine, actrice du théâtre Beaumarchais, était la même personne que mademoiselle Augustine, pensionnaire de la maison du faubourg Saint-Honoré, — si longtemps et si vainement cherchée.

M. de Valvert, instruit en outre du dénûment profond dans lequel se trouvait sa fille naturelle, lui fit remettre deux cents francs et une lettre qui lui annonçait qu'une somme égale lui serait comptée tous les mois, jusqu'au moment où de trop grands désordres de sa part forceraient son protecteur mystérieux à l'abandonner et feraient par cela même cesser sa pension.

En face des deux cents francs mensuels qui tombaient du ciel à sa maîtresse, Dorival se crut riche.

Il trancha du grand seigneur, — il afficha le luxe des gants paille et des cigares à cinq sous ; — bref, il accapara tout l'argent du ménage.

Augustine voulut se plaindre.

Dorival la battit.

Mais Augustine n'était pas fille à se laisser dominer par un amant.

Elle congédia le jeune premier et se mit à vivre avec un gentleman de contrebande, fils unique d'un droguiste de la rue des Lombards, lequel gentleman, depuis les débuts d'Augustine, avait fait élection de domicile dans l'avant-scène côté droit de Beaumarchais et envoyait par l'habilleuse des bouquets de roses à l'actrice.

Après celui-là en vint un autre.

Puis deux autres.

Puis plusieurs à la fois.

Augustine était une pente où on ne s'arrête jamais.

La pension de M. de Valvert cessa d'être payée.

Alors Augustine n'eut plus d'autre ressource que de faire de ses charmes métier et marchandise.

Elle quitta le théâtre.

Elle alla demeurer dans le quartier Bréda.

Là ses fortunes diverses.

Sa danse impétueuse à Mabille et au Ranelagh lui avait fait décerner le surnom de Tourmente.

Elle fut célèbre.

Mais la célébrité de ce genre, à Paris, ne se monnaye pas toujours.

— Les hommes se suivent et ne se ressemblent pas ! — avait coutume de dire la pauvre lorette, en dénaturant à dessein un proverbe fameux.

Elle était elle-même une preuve frappante de la vérité de ce dicton :

Tantôt elle occupait un logement somptueux;

Tantôt elle habitait une mansarde ;
Hier elle avait une voiture à elle.
Aujourd'hui l'argent lui manquait, même pour prendre un fiacre.
En un mot, sa vie était un composé d'intermittences.
Ombre et lumière, — luxe et misère.
A l'entreteneur opulent succédait l'amant sans le sou.
A l'opulence, la *débine*.
C'est dans une de ces dernières situations qu'arriva à Tourmente l'aventure que nous allons raconter.
Au commencement du mois de mars 1847, Tourmente, un beau jour, était sortie de chez elle d'assez bonne heure.
Elle avait formé le projet d'aller voir deux ou trois de ses amies, mais surtout et d'abord d'éviter par son absence les réclamations bruyantes et les criailleries de ses créanciers, qui ne bougeaient guère de chez elle et s'étaient fait une habitude de frapper à sa porte à tour de bras, quand ils étaient fatigués de mettre en branle le pied de biche de la sonnette.
Il pouvait être quatre heures et demie de l'après-midi.
Tourmente, après avoir couru toute la journée, se préparait à rentrer chez elle, car le moment du dîner approchait, et de même que — dit-on — la faim fait sortir le loup du bois, — de même l'appétit contraint les jolies femmes les plus harcelées à regagner leur gîte.
La lorette descendait mélancoliquement le boulevard Poissonnière afin de prendre le faubourg Montmartre, qui devait la conduire à la rue de Navarin (le tout à pied, hélas !), quand elle fut croisée par un domestique d'assez bonne mine, en livrée bleue, avec culotte de peau blanche, bottes à revers, et cocarde noire au chapeau.
Ce domestique — qu'elle ne connaissait nullement d'ailleurs — poussa en la voyant une exclamation de surprise.
Puis il continua sa route.
Mais bientôt il se ravisa, car, après s'être frappé le front, il revint sur ses pas, chercha de l'œil la jeune femme qui déjà s'était perdue dans la foule, et, l'ayant retrouvée, la suivit à distance.
Il la vit rentrer chez elle.
Après lui avoir laissé le temps de monter, il entra, — il donna quarante sous au portier et obtint des renseignements aussi complets que désavantageux.
Ceci parut le satisfaire entièrement.
Ensuite il prit note du nom de la rue et du numéro de la maison, et il s'éloigna.
Ce domestique était Francisque — le valet de chambre de M. Eugène Lascars.

—

Le lendemain, à midi, on sonna chez Tourmente.
La porte fut ouverte par Joséphine, la soubrette que nous connaissons.
— C'est bien ici, n'est-ce pas, que demeure mademoiselle Tourmente ? — demanda le visiteur.
— Oui, monsieur.
— Est-elle chez elle ?
— Oui, monsieur.
— Puis-je la voir ?
— Oui, monsieur.
Un rapide coup d'œil ayant suffi à Joséphine pour s'assurer que le nouveau venu était un jeune homme, — fort joli garçon, — très-bien mis et paraissant riche, — les trois réponses affirmatives s'étaient succédé sans hésitation.
Elle ouvrit la porte de l'antichambre et elle demanda :
— Quel nom annoncerai-je à madame ?
— M. Auguste.
— Auguste quoi ?
— Auguste tout court. — Votre maîtresse ne me connaît pas.
— Ça suffit, monsieur. — Attendez une minute.
Joséphine alla prévenir Tourmente, puis elle revint introduire M. Auguste dans le salon, où la lorette ne tarda pas à venir le rejoindre.
M. Auguste — ou plutôt Eugène Lascars, — que nos lecteurs ont déjà reconnu, — fut stupéfait, comme Francisque son domestique l'avait été la veille, de l'étrange et merveilleuse ressemblance de Tourmente avec Henriette de Valvert.
Il avait d'abord taxé d'exagération le rapport de Francisque.
Il voyait maintenant que les affirmations du littéral et honorable valet étaient restées plutôt en deçà qu'au delà de la vérité.
— C'est vraiment un coup du sort ! — pensa-t-il.
Puis, comme Tourmente paraissait attendre qu'il lui expliquât le motif de sa visite, il commença par lui prendre la main qu'il porta galamment à ses lèvres, et il entama l'entretien de la façon suivante :
— Mon Dieu, madame, — dit-il avec une apparence de franchise et de bonhomie assez habilement jouée, — je sais mal faire les phrases, surtout les phrases amoureuses, et je ne connais rien de si sot qu'une déclaration. — Vous devez être accoutumée à vous entendre dire que vous êtes charmante, je ne vous le répéterai donc pas et je poserai nettement et carrément la question : — Pouvez-vous et voulez-vous être ma maîtresse ?
— Mais, monsieur... — s'écria Tourmente interdite par ce brusque début.
— Peut-être ne me suis-je pas exprimé d'une façon suffisamment claire. — Je vais compléter ma pensée en la commentant, continua Eugène. — Quand je dis : *Pouvez-vous ?* j'entends par là vous demander si vous êtes libre en ce moment, tranchons le mot, si vous êtes entretenue. — Je ne vous dissimulerai point que quelques informations que j'ai prises me poussent à résoudre cette première question par une réponse négative.
— Ah ! — dit Tourmente dont l'étonnement allait croissant.
— Quand je dis : *Voulez-vous ?* — poursuivit le jeune homme, je prétends que vous me disiez, avec une franchise aussi grande que celle que je mets à vous interroger, s'il n'y a rien en moi qui vous paraisse déplaisant ou ridicule, si, en un mot, je ne vous inspire ni aversion ni répugnance. — Il est bien entendu que je ne parle pas d'affection, — vous me connaissez trop peu pour en éprouver le moins du monde pour moi. — J'aurai maintenant le plaisir de vous demander, madame, si vous m'avez bien compris ?
— Oh ! parfaitement, — dit Tourmente avec un sourire.
— Vous convient-il de répondre aux deux questions que je viens de vous poser ?
— Sans doute.
— Eh bien, faites-le, mais par *oui* et par *non*, car j'ai encore beaucoup d'autres choses à vous dire. — Voyons : avez-vous un amant *utile ?*...
— Non.
— Trouvez-vous en moi quelque motif d'insurmontable aversion ?
— Non.
— C'est le mieux du monde. — Il me reste à vous faire ma profession de foi : je suis de ceux qui croient que la beauté, comme le diamant, ne saurait se payer trop cher...
Tourmente s'avoua à elle-même que cet exorde était du meilleur goût.
Eugène continua :
— Or, votre grâce et votre beauté sont d'un prix inestimable à mes yeux ; malheureusement ma fortune est loin d'être immense, ce qui impose nécessairement des limites à ce que je puis et à ce que je veux faire pour vous : — voici donc quelles seraient les conditions de notre marché...
Ce dernier mot révolta Tourmente.
Elle n'était point accoutumée à se voir à ce point traitée en marchandise ; son amour-propre prit la mouche, — le feu lui monta au visage et elle interrompit Eugène en s'écriant :
— Vous êtes peu poli, monsieur !
— Allons, ma chère fille, — reprit ce dernier sans s'émouvoir, — ne faites donc pas l'enfant ! — Qu'est-ce que ça signifie de se gendarmer comme ça contre une expression qui, au fond, est très-juste et n'a rien de grossier ? — Supposons que je vous aie envoyé une matrone complaisante pour traiter de votre petite affaire, vous auriez trouvé la chose toute simple. — Au lieu de cela, j'ai préféré traiter directement avec vous ; — il n'y a que la différence du courtage.
Tourmente trouva le raisonnement juste et ne répliqua pas.
D'ailleurs elle venait de réfléchir qu'avant de se fâcher il fallait au moins attendre les propositions qu'on allait lui faire.
Certains chiffres, auprès de certaines femmes, ont la miraculeuse vertu de faire passer bien des choses.
— Revenons-en à nos conditions, — ajouta Eugène, — je vous offre :
« 1° Trois mille francs comptant pour solder quelques petites dettes que vous devez avoir.
« 2° Une somme de cinq cents francs par mois, — payée régulièrement et d'avance.
« Il est bien entendu que les cinq cents francs du premier mois ne se confondront pas avec les mille écus de prime ; ce qui fait que vous auriez à toucher immédiatement trois mille cinq cents francs.

« Si vous n'avez pas mieux en vue, je vous conseille d'accepter. ·

« Voyons, cela vous va-t-il?

— Énormément! — s'écria Tourmente, qui ne pouvait contenir sa joie, et à qui Eugène semblait être une véritable providence en redingote noire et en bottes vernies.

— Alors, — reprit le jeune homme, — nous pourrons conclure dans un instant, aussitôt que vous connaîtrez mes conditions et que vous les aurez ratifiées.

— Ah! il y a des conditions?...

— Plusieurs.

— Voyons-les.

— D'abord, vous ne me connaîtrez que sous le nom d'*Auguste*, qui n'est pas le mien...

— Et pourquoi donc ça? — demanda vivement Tourmente — est-ce que vous êtes un faux monnayeur?

— Non, — répondit Eugène en souriant, — mais je suis marié et je ne veux pas que ma famille, non plus que le monde dans lequel je vis, puissent savoir que j'ai une maîtresse. — Or, le meilleur moyen de garder ce secret, c'est de vous cacher à vous-même mon véritable nom.

— Compris et accepté, — dit Tourmente.

— Par la même raison, je ne vous mènerai jamais ni au spectacle ni au bal.

— Ça m'est égal — répondit la jeune femme.

Et elle ajouta mentalement :

— J'irai avec un autre.

— Vous allez me trouver bien original, — continua Eugène ; — figurez-vous qu'il y a un nom de femme qui me plaît plus que tous les autres,— et ce nom, c'est *Henriette*...

— En effet, il est assez joli, — dit Tourmente.

— Il faudra que vous ayez la complaisance de l'adopter pour tout le temps que nous resterons ensemble.

— Convenu.

— Je ne vous verrai point ici. — Ma femme est défiante et pourrait avoir l'idée de me faire espionner, ce qui découvrirait tout ; — je louerai un logement dans le quartier Saint-Roch.

— Parfaitement.

— Vous viendrez m'y voir tous les jours.

— Deux fois si vous voulez.

— Une suffira. — Nous passerons une heure ensemble ; le reste de la journée vous appartiendra, vous en ferez tout ce que vous voudrez, et je vous promets de n'être point·jaloux outre mesure.

— Oh ! monsieur, — fit Tourmente d'un petit air de pruderie charmant.

— Ce n'est pas que je doute de votre vertu, chère enfant — poursuivit Eugène d'un air un peu railleur ; — mais il est bon de s'entendre, et du moins vous saurez à quoi vous en tenir... et moi aussi !

— Enfin, — ça sera comme vous voudrez, — dit Tourmente ; — mais, foi d'honnête fille, je n'abuserai pas de votre confiance!!

— Ce serment me rassure! — dit Eugène en riant.

M. Lascars continua :

— Dans la maison où sera situé le logement en question, — fit-il, — je répandrai le bruit que vous êtes une jeune fille du grand monde, vivant seule avec une vieille parente et venant me voir en cachette. — C'est une petitesse d'amour-propre, mon Dieu, je le sais bien, mais je tiens énormément à ce que vous ne me démentiez pas.

— On s'y conformera.

— Vous êtes charmante'!

— C'est donc tout?

— Tout absolument.

— Eh bien! dans ces fameuses conditions il n'y a rien de difficile.

— Ainsi, vous les acceptez ?

— Sans discussion.

— Signons le contrat, s'il vous plaît

— Je ne demande pas mieux.

Et Tourmente, s'approchant d'Eugène, lui tendit ses lèvres roses.

Mais le jeune homme se contenta de déposer un baiser sur le front de la jolie lorette.

— C'est drôle! — pensa-t-elle, — pour un homme qui paye si cher, il a pas l'air bien amoureux! — mais enfin, si c'est son idée de faire la bégueule, il en a le droit et je n'ai rien à dire.

— Maintenant que le contrat est signé, — reprit Eugène, — il me reste à exécuter la première clause...

— Laquelle? — demanda Tourmente.

— Celle sans laquelle toutes les autres seraient nulles et non avenues.

Et, tout en parlant, Eugène prit son portefeuille dans la poche gauche de son habit.

Il l'ouvrit et en tira trois billets de mille francs, qu'il déposa successivement sur une petite table devant Tourmente, en lui disant :

— Voilà la prime.

Ensuite, il lui tendit un billet de cinq cents francs en ajoutant :

— Et ceci est le premier mois. — Nous sommes en règle, n'est-ce pas?

— Vous êtes un homme adorable!! — s'écria la lorette en lui sautant au cou avec effusion.

Eugène la laissa faire, mais ne sembla pas autrement disposé à profiter de sa bonne volonté.

Tourmente ne s'en préoccupa pas beaucoup.

Si, d'un côté, son amour-propre de jolie femme souffrait quelque peu de cette étrange froideur, — d'un autre côté, les dentelles et les robes de soie qu'elle allait pouvoir acquérir lui apparaissaient dans un mirage splendide et accaparaient la meilleure part de ses pensées.

Eugène se leva.

— Vous vous en allez ? — lui demanda-t-elle.

— Oui.

— Quand vous reverrai-je?

— Je ne sais trop.

— Comment ?

— Sans doute. — Vous savez que je préfère ne pas venir ici et que je ne puis vous recevoir chez moi. — Il faut donc que je cherche un nid pour y abriter nos amours.

— Nos amours! — pensa Tourmente, — ils sont à la glace, nos amours, jusqu'à présent !

— Du reste, — poursuivit Eugène, — je vais m'en occuper immédiatement, et sitôt que j'aurai trouvé ce qu'il nous faut, je viendrai vous prévenir.

— Faites vite, au moins.

— J'y tâcherai. — Vous, de votre côté, chère enfant, n'oubliez aucune de nos petites conventions.

— Je n'aurai garde.

— Vous savez que vous ne vous appelez plus *Tourmente*...

— Mais *Henriette*, je m'en souviens à merveille; — de plus je suis une jeune fille du grand monde, je vis avec une vieille parente et je vais vous voir tous les jours en grand secret, parce que je suis folle de vous ! — Vous voyez que je n'oublie rien.

— C'est parfait. — Au revoir, ma chère Henriette...

— Et à bientôt, n'est-ce pas?

— Oui, — à bientôt.

Eugène embrassa Tourmente, et la laissa fort étonnée et fort émerveillée de l'espèce de conte des *Mille et une Nuits* dont elle se trouvait tout d'un coup être devenue l'héroïne.

— Eh bien! — se disait Eugène Lascars avec une joie sauvage, en sortant de la maison de Tourmente, — eh bien! mademoiselle de Valvert! eh bien! fière et dédaigneuse Henriette! je vous tiens donc enfin!!

« Ah ! vous m'avez dédaigné !

« Ah ! vous m'avez repoussé !

« Ah ! vous m'avez chassé !

« Ah ! vous m'avez traité de lâche et de misérable!!

« L'heure de la vengeance est enfin venue !

« Je vais vous envelopper dans une trame si épaisse et si bien tissue, que vous ne viendrez point à bout d'en rompre les mailles.

« Je vais si bien vous flétrir, — je vais tuer si complétement votre honneur et votre bonheur, que vous regretterez de n'être point morte.

« Vous m'avez poussé à bout, mademoiselle de Valvert !

« Vous verrez comment je me venge !! »

. . . .

Nos lecteurs savent déjà que le plan infernal de Lascars devait être couronné du plus complet succès.

L'étrange ressemblance des deux sœurs, arme terrible mise entre ses mains par le hasard (car nous ne pouvons appeler autrement la rencontre fortuite de Francisque et de Tourmente), avait porté des coups terribles au cœur de la pauvre Henriette.

Eugène triomphait.

Une seule chose pouvait faire crouler un jour l'édifice si laborieusement construit de ses calomnies.

Mais il était bien difficile, pour ne pas dire impossible, que cette chose arrivât.

Comment supposer, en effet, que des relations quelconques dussent jamais s'établir entre Henriette et Tourmente?
Et, excepté cette dernière, qui donc pourrait révéler le mot de l'énigme?

Cependant Eugène admettait, — sinon la probabilité, — du moins la possibilité de ce dernier cas.

Et comme il était homme de précautions, — au moment où Tourmente lui devenant inutile, il avait rompu ses relations avec elle, — une somme assez importante avait été proposée par lui à la jeune femme dans le cas où elle consentirait à quitter Paris pour quelques années.

Mais Tourmente avait refusé.

Avec Eugène Lascars, — ou *M. Auguste*, si l'on veut, — l'argent avait disparu du ménage de la lorette.

Tourmente était de la nature de la cigale dont parle la Fontaine.

Elle aurait cru manquer à toutes les convenances en faisant, pendant le temps de prospérité, des économies pour les mauvais jours.

Aussi, — les entreteneurs ne se présentant pas, — les créanciers avaient reparu.

En fort peu de temps la jeune femme en était arrivée à ce point de dénûment que nous avons cherché à peindre de notre mieux dans le deuxième chapitre de cette véridique histoire.

C'est sur ces entrefaites qu'elle avait reçu une lettre signée *Henriette de Valvert*, lettre dans laquelle on la priait de se présenter à l'hôtel de la rue Gaillon.

Nous savons qu'elle se préparait à se rendre à ce rendez-vous, qui cependant l'étonnait et l'intriguait fort.

Joséphine rentra.

Elle rapportait des bottines puce, d'une couleur charmante, et des gants paille d'une nuance irréprochable.

Tourmente serra à la hâte autour de sa taille fine et souple une robe de soie feuille-morte, de la bonne faiseuse, et fort élégante quoique un peu fripée.

Elle jeta sur ses épaules une écharpe algérienne, présent d'un sous-lieutenant de spahis.

Elle lissa les bandeaux de ses beaux cheveux blonds sous une légère capote de crêpe blanc, encore très-fraîche.

Elle prit ses gants et un mouchoir garni de dentelles dont elle dissimula fort habilement la large déchirure.

Elle se regarda dans une glace, — elle se trouva jolie comme les amours, — et elle eut raison.

Elle envoya Joséphine lui chercher un coupé de remise à la place Saint-Georges.

Et enfin elle partit pour aller chez Henriette de Valvert, où nous allons la suivre.

X. — HENRIETTE ET TOURMENTE.

L'émotion de mademoiselle de Valvert en attendant sa sœur était vive et naturelle.

Si vive, que la jeune fille n'avait pas même songé à chercher un prétexte qui pût colorer aux yeux de Tourmente l'étrangeté de sa démarche.

Et dans le fait, isolée et abandonnée par tous, comme elle l'était en ce moment, la pauvre Henriette, oubliant les derniers conseils de son père, n'avait pensé qu'à une chose — à se jeter dans les bras de Tourmente en lui disant : — *Vous êtes ma sœur! aimez-moi un peu, moi que personne ne veut plus aimer!*

On annonça Tourmente.

Au moment de son entrée, il se fit un brusque revirement dans les sentiments et dans les résolutions d'Henriette.

Elle s'attendait à voir une jeune fille pâle et frêle, avec des vêtements, sinon misérables, du moins plus que modestes.

Elle s'attendait à un visage fatigué par les privations, — maigri par les chagrins.

Elle s'attendait à une expression douloureuse et résignée.

Et, dans ce cas, son besoin d'affection l'emportant sur toute espèce de prudence et de retenue, elle aurait couru au-devant de Tourmente et elle l'aurait serrée sur son cœur.

Mais, au lieu de cela, elle vit une grande et belle personne.

Elle vit de la soie et des dentelles,

Des joues rosées,

Un regard joyeux,

Des lèvres souriantes.

L'effusion d'Henriette, — effusion prête à déborder, — se trouva glacée comme par miracle.

Après cette première minute de désenchantement et de désillusion, la jeune fille ne fut plus frappée que d'une chose :

L'extrême beauté de Tourmente et sa prodigieuse ressemblance avec elle-même.

En effet, cette merveilleuse similitude dont nous avons parlé devenait plus surprenante encore quand les deux sœurs se trouvaient en présence.

Reproduits par la peinture, leurs traits devaient être identiques.

Et pourtant il y avait entre Tourmente et Henriette la même différence qui caractériserait deux copies d'une même tête, faites, l'une par Raphaël, le peintre spiritualiste, l'autre par Titien, le peintre de la chair.

De plus, l'expression chaste et virginale du regard d'Henriette était remplacée dans les yeux de Tourmente par quelque chose de hardi et de provoquant.

Très-embarrassée désormais pour entamer l'entretien, mademoiselle de Valvert, après avoir répondu au gracieux salut de la lorette, lui indiqua du geste un fauteuil et s'assit elle-même.

Puis il se fit entre les deux jeunes femmes un instant de silence.

Tourmente attendait.

Elle se creusait l'esprit pour trouver un motif raisonnable à sa présence dans cette mai-on, et elle en arrivait presque à se persuader qu'Henriette ne l'avait fait venir que sur le bruit de certains détails étranges de sa réputation galante.

Cette conviction se serait fortifiée singulièrement si Tourmente avait lu : *Un Caprice de grande dame.*
Mais Tourmente ne pouvait pas connaître un roman qu'à cette époque le marquis de Foudras n'avait pas encore écrit.

— Ce serait bien original!... — pensait la lorette.

. . . .

. . . .

. . . .

— Mon Dieu, mademoiselle, — dit enfin Henriette, — vous avez dû être fort étonnée de la liberté que j'ai prise en vous priant de passer aujourd'hui chez moi...

— Pas le moins du monde, madame, — interrompit Tourmente; — je suis très-heureuse, au contraire, d'avoir fait connaissance avec vous, et si vous désirez quelque chose de moi, — quoi que ce puisse être d'ailleurs, — la lorette appuya sur ces derniers mots, — vous n'avez qu'à parler.

« Comme cela, — ajoutait-elle mentalement, — je vais la mettre à son aise, et ce serait jouer de malheur si elle ne me comprenait point...

Mais Henriette ne comprenait pas — et pour cause.

La conversation tomba.

Le silence se fit de nouveau, et le tête-à-tête menaçait de devenir infiniment embarrassant, quand il fut rompu par l'arrivée d'un troisième personnage que personne n'attendait.

Ce personnage était Georges de Vibray, le cousin d'Henriette.

Les domestiques étaient tellement accoutumés à sa présence dans la maison, qu'ils n'avaient pas même eu l'idée de l'annoncer.

Henriette changea de visage à son aspect.

Elle devint très-pâle et elle s'écria :

— Vous! Georges! vous ici! mon cousin!

Le jeune homme ne répondit pas.

Il venait de s'arrêter à l'entrée du salon, pétrifié en quelque sorte par le soupçon subit, par l'éclair lumineux, qui venaient de jaillir dans son esprit à l'aspect de la ressemblance des deux sœurs.

Puis, soudain, il s'avança jusqu'auprès de Tourmente, et il lui demanda, d'une voix haletante et coupée par l'émotion :

— Rue Saint-Honoré, n° 270... cet hiver... c'était vous... n'est-ce pas?...

— Mais, monsieur!... — s'écria Tourmente.

— Oh! — reprit Georges d'un ton suppliant, — au nom du ciel, madame, ne vous offensez pas de mes paroles, et répondez-moi... C'était vous... n'est-ce pas... c'était vous?...

— Eh bien, oui, c'était moi, mais au moins...

Georges n'écouta point la fin de la phrase interrogative commencée par la lorette.

Déjà il était tombé aux genoux de sa cousine étonnée, et il murmurait :

— Henriette ! — Henriette ! — vous n'étiez pas coupable !...

— Me pardonnerez-vous jamais d'avoir douté de vous un instant...

— Coupable ! — s'écria Henriette. — Que de fois, mon Dieu, depuis quelques jours, on a répété ce mot à propos de moi ! — Coupable ! coupable ! — mais, du moins, Georges, dites-moi donc de quoi l'on m'accusait, car il y a de quoi devenir folle, voyez-vous, d'entendre tout cela et de ne rien savoir !...

— Dans un instant je vous dirai tout, ma cousine, — répliqua le jeune homme. — Mais d'abord, dans votre intérêt, dans le mien, dans celui de bien d'autres encore, laissez-moi seul avec madame pendant un instant, car j'ai à lui parler de choses que vous ne devez pas entendre...

— Je vous laisse, mon cousin, mais prenez ceci, je vous prie, peut-être pourrez-vous tout à l'heure me l'expliquer aussi.

Et, avant de sortir, elle remit à Georges le billet anonyme qu'elle avait reçu la veille de son départ du château de Valvert, et qui était ainsi conçu :

« Vous aimez Alfred. — Alfred vous méprise.

« Georges vous aimait, — Georges vous méprise.

« Le monde vous aimait, — le monde vous méprisera bientôt.

« J'avais juré de me venger.

« Je me venge. »

Georges lut cette lettre infâme avec un profond sentiment de dégoût et d'horreur qui se peignit sur sa figure.

Ensuite il se tourna vers Tourmente, à qui il présenta le billet anonyme en lui demandant :

— Connaissez-vous cette écriture-là, madame ?

— Non, — répondit la lorette.

Et c'était vrai, car Eugène Lascars ne lui avait jamais écrit.

— Vous avez bien voulu me dire, — continua Georges, — que c'était vous qui alliez chaque jour, cet hiver, au numéro 270 de la rue Saint-Honoré. — Permettez-moi, madame, de vous demander le nom de l'homme qui vous y attirait.

— Ah çà ! monsieur — s'écria dans ce moment Tourmente impatientée — est-ce qu'on m'a fait venir ici pour me faire subir un interrogatoire ?... — Je demande un juge d'instruction et que ça finisse !...

— Pardon de mon indiscrétion, mais il s'agit d'intérêts sacrés...

— Qui ne me regardent pas ! — interrompit la lorette.

— Qui vous regardent plus que vous ne le pensez, car (à votre insu, j'en suis sûr) on s'est servi de vous pour accomplir une action abominable.

— Bah !

— En deux mots, voici ce qui s'est passé...

Et Georges expliqua rapidement à la lorette comment, avec une adresse infernale, on avait fait usage de sa ressemblance avec Henriette pour déshonorer cette dernière.

Tourmente était bonne fille, au fond.

Elle écouta ce récit les larmes aux yeux, et quand il fut achevé, elle s'écria :

— Pauvre petite femme !... — Mais c'est une horreur que tout ça !... — et je crois bien que je vais répondre à vos questions, monsieur ! — Ah ! gueux ! ah ! brigand ! ah ! scélérat d'Auguste !...

— Auguste, avez-vous dit ?

— Oui. — C'est comme ça que s'appelait mon ancien amant.

— Vous ne le voyez donc plus ?

— Depuis longtemps ; — depuis près de six mois.

— Mais vous connaissez son adresse ?

— Hélas ! non.

— Au moins vous savez son nom ?

— Je ne l'ai jamais su. — Le bandit qu'il était avait des motifs pour le cacher à tout le monde, même à moi.

Le fil conducteur du labyrinthe se brisait ainsi, dès les premiers pas, entre les mains de Georges.

Car c'était la vengeance surtout qu'il cherchait maintenant.

Cependant il ne perdit pas courage.

XI. — LE DÉNOUMENT.

— Voyons, — continua-t-il, — racontez-moi tout ce qui s'est passé...

Tourmente entra dans les moindres détails de sa liaison avec le prétendu Auguste et dans la nomenclature des conditions qu'il lui avait imposées dans l'origine, conditions dont le but paraissait maintenant si évident à Georges et à elle-même.

Rien de tout cela ne remettait M. de Vibray sur la trace. Mais peut-être pouvait-on tirer quelque parti du billet anonyme.

Georges quitta Tourmente et il s'en alla interroger Henriette à son tour.

— Vous connaissez-vous des ennemis ? — lui demanda-t-il.

— Aucun, — répondit la jeune fille.

— N'avez-vous jamais blessé personne ? — N'avez-vous jamais repoussé, avec un dédain mérité, les insolentes prétentions d'un fat ? — Consultez votre mémoire, Henriette ; tout est là !

La jeune fille, ainsi mise en demeure de préciser ses souvenirs, se souvint de la demande en mariage de M. Lascars, et de la scène nocturne dans laquelle il avait joué un rôle infâme et honteux tout à la fois.

Elle raconta à Georges ce qui s'était passé.

— C'est lui ! — s'écria M. de Vibray, — ce ne peut être que lui ! — J'ai toujours regardé ce garçon-là comme un misérable ! — Cependant il importe de changer mes soupçons en certitudes.

Il rejoignit Tourmente et lui fit un portrait fort exact et fort détaillé de M. Eugène Lascars.

— Dame ! — fit la lorette, — ça ressemble trait pour trait à mon scélérat d'Auguste ; cependant, comme il y a beaucoup de gens qui ont un signalement quasi pareil (voir au bureau des passe-ports), je ne prendrais pas sur moi d'affirmer que ce fût le même personnage.

— Vous avez raison. — Il n'y a qu'un seul moyen de sortir d'embarras.

— Eh bien ! employez-le.

— C'est ce que je vais faire. — Venez.

— Avec vous ?

— Oui.

— Où donc ?

— Chez M. Eugène Lascars.

Et Georges sortit avec la lorette.

Quand les deux visiteurs inattendus et inopportuns se présentèrent chez Eugène Lascars, ce dernier n'était pas chez lui et le concierge de la maison ne savait à quelle heure il rentrerait.

Georges ne fut point fâché de ce retard.

Chemin faisant, il avait réfléchi que si M. Lascars et M. Auguste étaient un seul et même individu, il valait mieux ne pas entamer avec lui, devant une jeune femme, une explication qui ne pouvait manquer d'être pénible.

En conséquence, il laissa Tourmente à la porte de la maison dans le petit coupé qu'elle avait pris à l'heure. — Il la chargea d'attendre incognito et de guetter à travers les stores baissés le retour de Lascars, dont elle pourrait ainsi constater l'identité.

De plus, comme la lorette lui avait fait part de l'embarras dans lequel se trouverait pour payer sa voiture si la séance se prolongeait quelque peu, il lui donna dix louis et lui fit promettre de venir le prévenir, sans perdre une minute, aussitôt qu'elle saurait quelque chose de nouveau.

En rentrant chez lui, Georges y trouva M. de Juvisy qui l'attendait.

Le vicomte, ennuyé de voyager seul et tête à tête avec son chagrin, avait pris, à vingt-quatre heures d'intervalle, le même parti que son compagnon de route.

Il avait ordonné à son postillon de tourner bride, et il venait d'arriver à Paris.

Georges lui raconta ce qui s'était passé.

Le premier cri d'Alfred fut celui-ci :

— Elle est innocente !!! — Oh ! bonheur !!!

Le seconde pensée des deux hommes fut celle-ci :

— Malheur ! car nous l'aimons tous deux !!!

Alors il y eut entre ces hommes d'honneur, entre ces généreuses natures, un rapide et involontaire mouvement de haine jalouse.

Mais les nobles instincts de leur cœur reprirent bien vite le dessus, et, de nouveau, ils se tendirent la main en se disant l'un à l'autre :

— Il faut la venger d'abord ! — ensuite, nous verrons.

En ce moment Tourmente arriva chez Georges.

— Eh bien ? — demanda vivement ce dernier.

— C'est lui.

— J'en étais sûr!

— J'ai eu envie de lui arracher les yeux! — ajouta la lorette, — mais je me suis retenue. — J'ai bien fait, n'est-ce pas?

— Très-bien.

— Et maintenant, messieurs, comme vous avez sans doute à vous occuper de choses sérieuses, — je vous laisse. — Au revoir.

— Au revoir et merci, — dit Georges en reconduisant Tourmente.

— Qu'allons-nous faire à présent? — demanda-t-il à M. de Juvisy quand ils se retrouvèrent seuls.

— Provoquer cet homme.

— C'est évident.

— Nous battre avec lui.

— Ça ne fait pas question. — Mais lequel de nous deux se battra le premier?

— Moi, morbleu!

— Pourquoi vous plutôt que moi?...

— Parce que... — commença M. de Juvisy.

— Tenez, mon ami, — interrompit Georges, — ne discutons pas, — à quoi bon? — Il n'y a qu'une seule façon de nous mettre d'accord : — c'est de nous en rapporter au hasard. — Voulez-vous que nous tirions au sort?

— Soit.

Georges jeta en l'air une pièce d'or.

— Face, — dit M. de Juvisy.

Georges regarda.

— Vous avez gagné! — s'écria-t-il avec dépit.

— Ah çà! de quoi vous plaignez-vous, mon cher? — répliqua le vicomte. — Si ce coquin me tue, vous aurez double vengeance, par conséquent double plaisir!

Et les deux hommes sortirent pour aller chez M. Lascars. Francisque vint leur ouvrir.

— Monsieur est sorti, — dit le valet.

— Nous savons que votre maître est chez lui, — répondit Alfred, — ainsi laissez-nous passer, car nous le verrons de gré ou de force!

Francisque, esclave de sa consigne, voulut résister.

Alfred l'écarta et entra avec Georges.

Eugène Lascars avait entendu le bruit qui se faisait dans l'antichambre.

Il ouvrit la porte du salon et se trouva face à face avec les visiteurs.

En reconnaissant les deux jeunes gens, sa figure devint livide.

— Que me voulez-vous, messieurs? — demanda-t-il avec épouvante.

— Peu de chose, — répondit Georges. — Vous montrer ceci.

Et il tendit à Eugène le billet anonyme qu'il avait emporté de chez Henriette.

— De plus, — reprit le vicomte, — nous voulons vous dire que vous êtes un misérable et vous traiter comme on traite les gens de votre espèce.

Tout en parlant, il le souffleta.

Lascars voulut se jeter sur lui.

Mais Georges le contint et le souffleta à son tour.

— Maintenant, — dit Alfred, — nous vous ferons l'honneur de nous battre avec vous. — Choisissez les armes et le lieu.

— Le pistolet... demain... à huit heures... au bois de Vincennes... — balbutia Lascars étranglé par la rage et la terreur.

— Soit, — reprit Georges. Seulement, d'ici à demain, l'un de nous ne vous quittera pas; car demain vous seriez parti!

— Ah! vous nous connaissons, monsieur!

Lascars ne répondit rien à cette dernière insulte.

Le lendemain, à l'heure dite, les trois combattants et leurs quatre témoins se trouvaient au bois de Vincennes.

On chargea les armes et le sort désigna le choix du terrain.

Alfred et Lascars se placèrent en face l'un de l'autre.

Le signal fut donné, et la balle de Lascars traversa l'épaule du vicomte.

— A vous Georges, — dit-il en tombant.

Georges saisit un pistolet.

Deux nouveaux coups de feu retentirent.

Eugène Lascars roula à terre, la tête brisée.

En ce moment on crut voir reluire à travers les arbres les chapeaux galonnés des gendarmes de Vincennes.

Georges et les témoins s'enfuirent, — emportant M. de Juvisy évanoui, et abandonnant sur le terrain le cadavre de Lascars.

M. de Juvisy, parfaitement guéri de sa blessure, épousa mademoiselle Valvert au bout de trois mois.

Georges de Vibray se consola au bout de six.

Tourmente, à qui sa sœur s'empressa d'assurer une pension plus que suffisante, est devenue presque une honnête fille.

Francisque se trouve sans place. — Il en cherche une. — Recommandez-le à vos amis, chers lecteurs.

FIN DE MADEMOISELLE TOURMENTE.

JEAN LE DIABLE

SOUVENIRS DES PYRÉNÉES ESPAGNOLES

Au printemps de l'année 1856, je me trouvais dans les Pyrénées. — Le mois de mai commençait à peine. — Les touristes et les Parisiens que le caprice, la mode ou la souffrance amènent chaque été aux eaux bienfaisantes de Baréges, de Cauterets, de Bagnères-de-Luchon, etc., n'affluaient point encore. — Je jouissais donc (et ce n'est pas sans intention que je souligne ce mot), je jouissais donc d'une solitude à peu près complète.

Je profitai de cette liberté absolue pour visiter à loisir, sans guide et sans compagnons, ces belles montagnes si souvent décrites et tellement au-dessus de toute description, et j'éprouvais une joie sans mélange en ne rencontrant point au bord d'un gave écumant ou au détour d'un chemin encaissé entre des roches basaltiques, ces cavalcades de femmes en robes roses et en larges chapeaux de paille d'Italie, escortées de leurs cavaliers, le panama de cent écus sur la tête, le cigare aux lèvres et le lorgnon dans l'arcade sourcilière.

Robes roses et panamas ôtent pour moi les trois quarts de leur charme et de leur poésie aux plus grandioses merveilles de la nature. — Les Anglais m'ont gâté la Suisse!

C'est absurde! — Eh! mon Dieu, je n'en disconviens point; mais que voulez-vous! je suis ainsi fait et je n'ai nul espoir de changer jamais! — Il faut me plaindre, et non pas me blâmer.

J'avais loué pour quelques semaines un de ces petits chevaux montagnards au poil rude et à l'œil sauvage, aux allures énergiques et aux jarrets d'acier. — Avec lui, je gravissais des pentes à peu près inaccessibles, et pas une seule fois, sur les versants les plus rocailleux, je ne l'avais senti fléchir ou chanceler.

Ce bidet, noir comme la poudre, avait reçu de moi le surnom de Black. — Il me témoignait quelque attachement, sans doute en reconnaissance des morceaux de sucre que je lui prodiguais et dont il était extrêmement friand. Lorsque je m'asseyais à l'ombre d'une roche ou d'un sapin séculaire pour tracer sur mon album de voyage les lignes d'un croquis rapide, je laissais Black vagabonder à sa guise dans les alentours et tondre du bout des dents l'herbe fine et parfumée. — Je n'avais qu'à l'appeler pour le voir accourir auprès de moi.

Un jour, depuis quarante-huit heures, Black et moi, nous avions quitté Bagnères-de-Luchon, point central d'où rayonnaient mes excursions. — Nous avions passé la nuit, lui dans une écurie ouverte à tous les vents, moi dans ma chambre d'auberge, qui n'était pas beaucoup plus confortable que l'écurie ; puis , au matin , nous nous étions remis en route , frais et dispos , marchant un peu au hasard et tout droit devant nous , l'un portant l'autre , — suivant , non pas des routes royales, ni même des chemins de grande communication , mais des sentiers à peine frayés.

J'avais dans mon bissac des provisions pour tout le jour : il m'importait donc peu de ne point rencontrer un gîte avant le soir. — Les horizons les plus splendides se déroulaient autour de moi , — j'éprouvais la double jouissance de la solitude et de l'enthousiasme.

Vers midi , je traversais un petit bois ; — la feuillée , d'un vert tendre , jetait son ombre fraîche sur une mousse plus épaisse que les plus beaux tapis de la Savonnerie. — Un petit ruisseau courait sur les cailloux avec un clapotis mystérieux. — L'ombre , la mousse, la voix du filet d'eau , tout se réunissait pour m'engager à faire une halte,

Je descendis de cheval. — Je débarrassai Black de la bride , — je m'assis au bord du ruisselet et je commençai un repas frugal , — un peu moins frugal cependant que celui dont il est question dans *Gil-Blas*.

Ce repas achevé , j'appelai Black. — Il arriva, docile. — J'allais me remettre en selle, lorsque mon pied porta à faux sur un caillou roulant. — J'éprouvai une vive douleur et je tombai à genoux. — Je crus à un engourdissement passager, et au bout de quelques secondes je me relevai. — La douleur se fit sentir aussitôt plus aiguë , et je m'aperçus avec une réelle inquiétude que je m'étais donné une entorse et qu'il me serait impossible de remonter à cheval.

Ne vous y trompez pas, bienveillant lecteur dont le regard parcourt ces lignes,— ma situation était comique au premier coup d'œil, je l'avoue, mais en même temps elle était extrêmement grave, ou du moins elle risquait de le devenir.

Condamné à une impuissance absolue par cette entorse malencontreuse, il me fallait attendre au secours du premier passant que le hasard enverrait à mon aide ! — Or, le dieu Hasard est un dieu aveugle et sourd !... Je me trouvais dans un endroit perdu, loin de tout chemin fréquenté, loin peut-être même de tout endroit habité. — Le passant , mon unique espoir, pouvait tarder longtemps... — Dans ce cas, que devenir ? En moins de vingt-quatre heures j'aurais épuisé mes provisions, et ensuite ?...

Entre nous, cette pensée me donnait un petit frisson.

Heureusement, mon inquiétude, — je devrais plutôt dire mon angoisse, — ne fut pas de bien longue durée.

Vers les cinq heures du soir, j'entendis retentir à une faible distance du petit bois une de ces mélodies naïves et originales dont les échos des Pyrénées répètent si souvent les notes cadencées. — Presque en même temps , un paysan revêtu du pittoresque costume montagnard s'engagea dans le petit bois et se dirigea de mon côté.

Au moment où il me vit, sa bonne figure, pleine de franchise et de jovialité, exprima quelque surprise. — Il interrompit sa chanson, — il s'arrêta à trois pas de moi, et, dans le patois méridional , que je comprenais un peu, il me demanda ce que je faisais là et pourquoi j'étais si pâle.

Je lui répondis en lui montrant ma cheville gonflée et ma jambe gauche réduite à une inaction forcée.

Il fit un geste de compassion et d'encouragement, en murmurant : — Ça ne sera rien.

Puis, comme j'avais appelé Black , il me souleva dans ses deux bras vigoureux et me mit en selle. — Mon pied droit s'appuyait seul sur l'étrier, — l'autre pendait inerte et horriblement douloureux.

— Allons-nous bien loin ?... demandai-je.

— Tout près... — répondit-il laconiquement, en prenant Black par la bride et en se remettant en marche d'un pas rapide.

En effet, au bout de moins d'une demi-heure, nous atteignions le sommet d'une de ces collines qui sont en quelque sorte les contre-forts de la chaîne pyrénéenne , et depuis cette éminence, j'apercevais à quelques centaines de pas devant nous, dans un pli du vallon, un petit village enveloppé de verdure et s'adossant à des rochers taillés à pic comme les falaises des côtes normandes.

— Plus que quelques instants de patience,—fit le paysan, en désignant de la main gauche le hameau que le soleil couchant dorait de tous ses feux.

Nous franchîmes la déclivité du vallon , et bientôt nous nous arrêtâmes devant une de ces maisons, moitié ferme et moitié chaumière, dont la capricieuse architecture et le pittoresque désordre font la joie des paysagistes.

Le principal corps de logis, aux murs blanchis à la chaux, — disparaissant à demi sous les rameaux épars d'une vigne

luxuriante, était flanqué à droite et à gauche de deux hangars encombrés d'instruments aratoires et d'ustensiles de ménage.—Sur les toits de chaume, pareils au bonnet fourré d'un vieillard, s'ébattaient joyeusement des bandes de pigeons. — Des coqs au plumage orgueilleux, des poulets bariolés , des canards aux reflets de velours, gloussaient et coassaient en picorant çà et là autour des bâtiments.—Quelques moineaux audacieux se disputaient en pépiant les grains d'avoine oubliés dans une mangeoire portative.

Mon guide m'enleva de la selle que j'aurais été fort incapable de quitter sans lui, et me porta dans la maison , tandis que cinq ou six enfants curieux se rassemblaient autour du cheval livré à lui-même.

C'est un pinceau, ou tout au moins un crayon, et non point une plume, que je voudrais avoir en ce moment pour décrire l'intérieur simple et charmant de cette ferme hospitalière.

La pièce principale était une chambre assez vaste. — En face de la porte d'entrée se trouvait une haute et large cheminée en pierre grise, portant sur son manteau les objets les plus disparates : — une longue carabine retenue dans la position horizontale par deux crochets, — une statuette en plâtre , illuminée, représentant la vierge Marie tenant dans ses bras l'enfant Jésus, — deux vieux pistolets d'arçon du temps de l'Empire, — un rameau de buis bénit , des dernières Pâques, etc., etc.

Une porte , à droite , laissait entrevoir dans la pénombre les premières marches d'un escalier de bois conduisant à l'étage supérieur, — une seconde porte communiquait avec la grange, d'où s'exhalait une bonne odeur de fourrage.

Sur la muraille blanche se voyaient, l'une au-dessus de l'autre et fixées par des clous à grosses têtes, deux images, l'une militaire, l'autre religieuse, violemment peinturlurées de bleu, de rouge, de jaune et de vert.

L'image du haut représentait un chasseur d'Afrique en grande tenue, fraternisant avec un grenadier de la garde impériale. — L'image du bas offrait la divine figure du Christ, rayonnant sous la couronne d'épines et tenant dans sa main le globe symbolique.

Du côté opposé, un immense dressoir en noyer poli, que l'âge et la fumée avaient rendu aussi noir que du vieux chêne, supportait de la vaisselle d'étain brillant comme de l'argenterie, et quelques-unes de ces antiques et adorables faïences que les amateurs de ce qu'on est convenu d'appeler le *bibelot*, payent aujourd'hui volontiers au poids de l'or.

Les ustensiles de cuisine pendaient accrochés à la droite et à la gauche de ce dressoir.

Une table en chêne, carrée, à pieds contournés, complétait avec une huche, un fauteuil antique, une demi-douzaine de chaises et autant d'escabeaux, le mobilier de la pièce que je viens de décrire. — Une planche , suspendue au plafond par les deux bouts, ployait sous la lourde charge de plusieurs grandes *miches* de pain bis. — Enfin, sous le manteau de la cheminée, cinq ou six crochets de fer soutenaient des quartiers de lard , du jambon et des pièces de bœuf fumé.

Deux jeunes femmes et trois enfants animaient cet intérieur dont je viens de mettre sous les yeux de mes lecteurs la photographie. — L'une de ces femmes , brune et grande, et d'une très-remarquable beauté, ressemblait à ces divines Italiennes dont les pinceaux du Titien Vecelli aimaient à reproduire les nobles visages et les formes splendides. — La seconde , plus jeune de quelques années, offrait les traits doux et chastes et l'angélique expression des vierges de Raphaël.

L'aîné des enfants , jeune gars d'une dizaine d'années, faisait gravement l'exercice avec un échalas dont il se servait en guise de fusil ; — les deux autres, âgés l'un de quatre ans et le dernier de trois ans tout au plus , se roulaient , à demi vêtus, sur le plancher avec de jeunes chats.

— Ma femme , ma sœur et mes enfants... — me dit le paysan en m'installant au coin de la cheminée dans le vieux fauteuil séculaire garni d'une tapisserie dont le temps avait respecté la trame, mais rongé les couleurs.

Le premier devoir d'hospitalité accompli, le brave montagnard examina de nouveau ma cheville gonflée et reconnut que je ne m'étais point trompé en croyant avoir une entorse. — Il entoura ma jambe avec des bandes de toile imbibées d'eau froide, et il ajouta :

— Demain , de grand matin , j'irai chercher le *rebouteur* qui demeure à trois lieues d'ici...

Un *rebouteur*, — peut-être ceux qui lisent ces lignes l'ignorent-ils ,—est assez ordinairement un fermier, un berger, un maréchal-ferrant, qui, sans être le moins du monde médecin ou chirurgien, sans posséder même la moindre notion d'anatomie, guérit en quelques minutes et d'une façon merveilleuse les entorses et les foulures, en opérant sur la partie malade des attouchements dont le résultat victorieux fait l'étonnement de la science.

Le lendemain, en effet, le rebouteur arriva, et après m'avoir fait effroyablement souffrir pendant une dizaine de minutes, il me déclara que toutes choses étaient remises en l'état, — mais que, par prudence, il serait bon de m'abstenir de marcher pendant quelques jours. — En conséquence, je demandai à être transporté dans l'auberge du village ; mais mes hôtes n'y voulurent point consentir, et ils m'affirmèrent, avec une cordialité parfaite, que je les ne génerais en aucune façon en restant chez eux. — Je ne me fis point prier pour accepter, et pendant une semaine je vécus de la vie de cette famille véritablement patriarcale. — Je ne quittais mon lit que pour venir, à cloche-pied, prendre place au coin du foyer.

Bientôt je connus presque dans les moindres détails tout ce qui pouvait intéresser ces braves gens. — Ils étaient heureux. — Un seul chagrin, ou plutôt une seule inquiétude se mêlait à leur bonheur. — Jean Laterrade, le frère de mon hôte, appartenait à l'un des héroïques régiments de ces zouaves, surnommés les *premiers soldats du monde* par un général qui s'y connaissait, — Jean Laterrade était en Crimée. — Sa famille avait appris indirectement qu'une grave blessure, reçue à l'assaut de la tour de Malakoff, l'avait fait envoyer à l'hôpital. — Depuis lors plusieurs mois s'étaient écoulés, et aucune nouvelle du jeune soldat n'était venue rassurer les siens, qui se demandaient avec angoisse s'il fallait espérer encore ou si le pauvre enfant des montagnes reposait dans une tombe inconnue en une terre étrangère et lointaine.

Lorsqu'il était question de ce frère bien-aimé (ce qui revenait dix fois par jour), — mon hôte étouffait un gros soupir et les yeux des deux femmes se mouillaient de larmes. — Que de cierges avaient déjà brûlé pour l'absent, — devant l'image de la Vierge, dans la petite église du village ! — Quelles ferventes prières montaient matin et soir vers le Dieu des armées !...

Cependant, au bout d'une semaine, ma jambe avait repris sa force, — je ne voulais pas abuser indéfiniment d'une hospitalité tout écossaise. — Je comptais, le lendemain, prendre congé de mes hôtes.

Depuis ma chambre, où je mettais en ordre les premiers feuillets d'un roman commencé, j'entendis tout à coup retentir un cri de femme, un cri qui n'avait rien d'effrayant, car il n'exprimait que la joie la plus vive et la plus profonde. — A ce cri succédèrent des murmures de voix émues, entrecoupés par des baisers sonores.

Que se passait-il donc ?

J'ouvris la porte qui donnait accès dans la salle commune et je vis un tableau touchant que les crayons d'un artiste habile auraient reproduit avec bonheur.

Un jeune soldat, revêtu de l'uniforme glorieux des zouaves, et le bras gauche soutenu par une écharpe, se penchait vers la femme de mon hôte, assise auprès de la table de chêne, et tenait dans ses bras son dernier enfant que la longue barbe du zouave effrayait un peu. — Le second bambin, plus familier, jouait avec la croix d'honneur noblement gagnée, brillant sur la veste poudreuse. — L'aîné des garçons tenait fièrement le fusil de munition et semblait se dire :
— Moi aussi, quand je serai grand, je me ferai soldat !

La jeune fille, émue jusqu'aux larmes, se tenait debout derrière la chaise de sa petite-sœur, et mon hôte lui-même sur le seuil de sa porte, disait aux voisins accourus :
— Oui... oui... c'est lui !... c'est bien lui !... le voilà !...

C'était Jean Laterrade, en effet, qui venait passer dans sa famille un congé de semestre, et qui s'étonnait fort que les deux lettres écrites par lui, depuis sa convalescence, ne fussent arrivées ni l'une ni l'autre à leur adresse...

Entre le zouave et moi la connaissance fut bientôt faite. — Rarement j'ai rencontré un caractère plus franc, plus loyal, plus sympathique que celui de ce brave garçon. — Dès le soir de ce même jour, nous étions les meilleurs amis du monde. En apprenant que mon projet était de continuer mes excursions dans les Pyrénées, il m'engagea à retarder mon départ de deux ou trois jours, et il offrit de m'accompagner ensuite.
— Personne au monde, — ajouta-t-il, — ne pourrait vous guider comme moi... — Avant d'être soldat j'étais un peu contrebandier, et je connais les moindres défilés de nos

montagnes aussi bien que les rues de mon village... — Acceptez-vous ?...
Naturellement, j'acceptai. — Le troisième jour au matin, nous nous mettions en route, nous franchissions le versant des Pyrénées françaises et nous mettions le pied sur la terre espagnole. — Nos pérégrinations durèrent près d'un mois, et ce mois me parut bien court...

Je vous souhaite à tous, amis lecteurs, un compagnon de voyage pareil à Jean Laterrade. — Le brave garçon, doué d'un esprit naturel singulièrement vif et primesautier, aimait à raconter et racontait avec verve et originalité. — Il savait par cœur toutes les légendes, toutes les chroniques, toutes les traditions pyrénéennes. — Je remplirais facilement les pages de dix gros volumes si je voulais reproduire seulement la moitié de ses récits. — J'en vais choisir un entre ceut. — S'il a le bonheur de vous plaire, je pourrai détacher encore quelques grains du chapelet de mes souvenirs.

Nous nous trouvions, Jean Laterrade et moi, sur la route qui mène de Gavarnie à Broto en traversant les Pyrénées, route abrupte et difficile, décrivant des angles aigus et des coudes brusques dans la montagne, longeant des abîmes vertigineux ; se perdant sous les voûtes obscures de forêts dix fois séculaires. — Nous venions de nous arrêter à l'un des coudes formés par cette route, trois ou quatre lieues plus loin que le point précis où finissent les plaines espagnoles et où commencent les premiers mamelons de la chaîne des Pyrénées.

Un aplatissement de la montagne faisait une sorte de large terrasse que le chemin traversait. — Cette terrasse était bornée d'un côté par des rochers à pic, entre lesquels circulaient quelques sentiers étroits tracés par les chèvres et les petits pâtres. — De l'autre côté se trouvait un gouffre d'une profondeur telle, que les cimes des plus hauts sapins, croissant aux deux tiers de l'escarpement partout où se trouvait un peu de terre végétale parmi les fissures des blocs de granit, n'atteignaient point, à beaucoup près, le niveau de la plate-forme.

A l'une des extrémités de cette terrasse, et s'adossant aux rochers, se trouvait une maison en ruine, dont le lierre et les lichens couvraient presque entièrement les décombres.

Jean Laterrade étendit son bras vers ces ruines.
— Regardez bien cela... — me dit-il.
— Ces débris de vieux murs ?...
— Oui.
— Qu'est-ce que c'est ?
— C'est, ou plutôt ce fut jadis la demeure d'un gaillard qui s'appelait *Jean* comme moi. — *Jean le Diable*, — en bon espagnol... *Juan el Demonio*...
— Y a-t-il une histoire à propos de votre homonyme Jean le Diable ?
— Il y a une histoire.
— Racontez-la-moi...
— La voici.

C'est le récit de mon compagnon le zouave que je vais vous transcrire aussi fidèlement que faire se pourra.

Il y a cent ans, ou environ, la maisonnette dont je contemplais les ruines éparses était debout et florissante. — L'ardente réverbération du soleil avait revêtu de ses tons les plus chauds et les plus dorés la blancheur primitive des murailles. — Un double pied de vigne grimpait des deux côtés de la porte, serpentait contre la façade en festons élégants, s'enroulait gracieusement autour des étroites fenêtres aux petits carreaux cerclés de plomb, et laissait un de ses rejets entrer familièrement à l'intérieur, comme un hôte amical, par une sorte d'œil-de-bœuf ouvert au premier étage. — Un peu au-dessus de la porte était pratiquée une petite niche. — Dans cette niche se voyait une informe statuette de la madone, grossièrement taillée dans un bloc de bois, et revêtue par un artiste naïf des couleurs les plus éclatantes et les plus splendides.

Au-dessous de la niche se balançait, en guise d'enseigne, une grosse touffe de branche de houx et de genêt épineux, indiquant une *posada* ou hôtellerie.

Comme à l'heure où commence notre narration, le soleil se couchait derrière les cimes roses et violettes des Pyrénées.

Au fond, — aussi loin que pouvait s'étendre le regard ébloui, — apparaissaient les plaines immenses de l'Aragon, noyées à demi dans cette vapeur rousse et transparente qui naît des feux du soleil à son déclin. — Parfois un dernier rayon, — une lueur suprême, — un étincellement capricieux faisaient resplendir, comme des émeraudes et comme des saphirs sur la pourpre d'un manteau royal, les lacs, — les rivières, — les ruisseaux.

Les lointains fuyaient aussi, s'échelonnant dans une perspective infinie jusqu'aux confins de l'horizon, où leurs teintes pâlies s'unissaient aux tons éclatants du ciel mêlés, d'azur et d'or. — L'atmosphère, dans ses couches supérieures, était d'une telle pureté qu'à peine voyait-on flotter çà et là quelques petits nuages d'un rose vif, frangés d'une ligne de feu.

Le premier plan formait à ce lointain un magnifique *repoussoir*. — D'abord le chemin aux brusques zigzags, pavé de larges laves et suivant les contours de la montagne pour arriver à la terrasse dont le sol granitique et crevassé laissait pousser par endroits une herbe fine et touffue, semée de petites fleurs rouges et jaunes. — Puis la balustrade délabrée, formée de troncs de sapins assemblés grossièrement, sans même qu'on les eût dépouillés de leur écorce, et servant de garde-fous au bord du précipice.

A droite, la route montant toujours et semblant suspendue aux flancs nus et lisses des vieux rocs, — enfin, sur la plate-forme et pour compléter l'ensemble du paysage, un groupe animé et charmant, composé d'un homme de trente-deux ou trente-trois ans et d'une jeune femme qui pouvait en avoir à peu près vingt-cinq.

A leurs pieds jouait un bel enfant de six à sept ans, caressant de ses petites mains la tête énorme d'un molosse au mufle sanglant, aux yeux féroces, dont le regard cependant se faisait doux et tendre en se fixant sur l'enfant.

Tout en fumant le classique *papelito* andalous, l'homme lutinait la jeune femme, qui souriait à ses agaceries et les repoussait à demi avec une coquetterie pleine de tendresse.

C'étaient le mari et la femme, — Juan et Rosita, les maîtres de la *posada*.

Juan, grand, leste, vigoureux, bien découplé, offrant des traits énergiques et pleins d'expression, portait ce costume espagnol, si connu, qu'il nous paraît complètement inutile de le décrire.

Rosita rappelait la beauté luxuriante des plus admirables types du divin maître Esteban Murillo. — Brune comme une Moresque, avec des yeux noirs dont le regard coulait, chargé de flammes électriques, entre de longs cils de velours, elle réunissait une grâce singulière et provoquante à des proportions splendidement développées. — Sa démarche avait cet onduleux et irrésistible balancement que dans les Espagnes on nomme *meneho*. — Ses longs cheveux noirs, aux reflets chatoyants, pouvaient en se dénouant la couvrir tout entière. — Dans les torsades de cette opulente chevelure, la jeune femme avait piqué une rose épanouie.

Juan et Rosita riaient et causaient, présentant la plus parfaite image de l'amour heureux et du bonheur sans nuage.

Par intervalles, on entendait retentir dans le loin le babillage sonore et capricieux des grelots des mulets ; — mais ce bruit, de plus en plus vague et indistinct, s'éteignait peu à peu.

— Va chercher ta guitare, Juan, — dit Rosita tout à coup, — je veux chanter.

Juan entra dans la posada, et il en ressortit presque aussitôt, tenant à la main, ni plus ni moins, ma foi, qu'un véritable Espagnol d'opéra-comique, une de ces guitares de forme ancienne qu'on retrouve si souvent dans les tableaux de Van Loo.

Rosita lança dans l'espace quelques notes éclatantes qui s'égrenèrent au loin comme des fusées d'harmonie. — Juan préluda, et la jeune femme se mit à chanter ces couplets d'une antique chanson, héritage poétique transmis de génération en génération depuis le temps du roi Boabdil.

> Je suis une fille d'Asie,
> L'ombre d'un vieux figuier abrita mon berceau ;
> Mes ancêtres, tribu choisie,
> Passaient la grande mer comme on passe un ruisseau !

> J'avais douze ans lorsqu'un derviche,
> Cassé comme un bambou sous un pied d'éléphant,
> Me dit: Je vais te faire riche;
> Viens à Smyrne avec moi, ma gracieuse enfant !...

> A sa promesse séduisante,
> Je préférai la fuite avec ma pauvreté.
> Depuis, je vis Athènes, Zante,
> Malte, dans l'Océan comme un écueil jeté.

> Tout amour me trouva rebelle.
> Un Grec, pour un baiser, me donnait ses poignards ;
> Un Hongrois, qui me trouva belle,
> Me promit cent maisons et cent serfs montagnards !

Ici, la voix de Rosita devint émue, tremblante, passionnée, comme si la jeune femme éprouvait elle-même le sentiment qu'allait exprimer le dernier couplet de sa chanson.

> Non !... sous une zone lointaine,
> Sur le flanc d'un vieux mont dans l'Aragon perdu,
> Aux lèvres d'un beau capitaine
> Mon cœur, hélas ! demeure à jamais suspendu.

En ce moment, une voix fraîche et sonore s'éleva de l'endroit où la route, descendant vers la plaine, disparaissait en tournant derrière un rocher. — Cette voix chanta le refrain de la ballade de Rosita.

— C'est Pablo, — dit Juan en posant sa guitare sur le banc de pierre qui se trouvait à la porte de la posada.

En même temps, un jeune garçon paraissait à l'angle du sentier ; — il était de petite taille, — basané de visage comme un mulâtre ; — il semblait avoir douze ou treize ans à peine ; — l'intelligence et la résolution étincelaient dans ses grands yeux sombres.

Pablo arriva jusqu'au groupe dont les chants s'étaient interrompus à son approche, — il sourit à Rosita, — il caressa la grosse tête que le dogue montagnard apporta sous sa main, — il embrassa l'enfant qui se roulait à terre.

Juan lui tendit la main comme à un homme et la serra, en lui disant:

— Y a-t-il du nouveau ?

— Il y en a.

— Tu as à me parler ?

— Oui.

— Alors, entrons dans la maison. — Ce vent de la montagne est un espion et un traître, — il écoute les paroles que l'on se dit tout bas, et il va les répéter à trois lieues dans la plaine.

L'enfant et l'homme franchirent la porte de la posada sans que la jeune femme fît un seul mouvement pour les suivre. — Ils ressortirent au bout de quelques minutes.

Juan se frottait les mains et semblait joyeux.

— Voilà qui va bien ! murmura-t-il.

Puis il ajouta, en s'adressant à Rosita :

— Allons, ma chère âme, à la besogne !... il s'agit de préparer un bon dîner...

— Nous attendons du monde? — demanda l'Espagnole.

— Oui.

— Des étrangers !

— Sans doute.

— Plusieurs personnes?

— Trois hommes... — la trinité !! une vilaine trinité !...

— Ah ! — Quels sont ces hommes ?

— Des gens de justice.

Rosita pâlit légèrement.

— Des gens de justice ! — répéta-t-elle.

— Quels beaux mulets !... — s'écria Pablo.

— De qui parles-tu ? — demanda Juan avec un bruyant éclat de rire.

— De qui parlerais-je, sinon des montures du corrégidor et de ses suppôts ?...

— A la bonne heure?... — J'ai cru d'abord que tu manquais de respect aux hommes de loi.

— Jamais plus fiers mulets n'ont fait sonner leurs sonnettes et tinter leurs grelots de Fiscal à Broto et de Broto à Fiscal !

— Ma foi, — dit Juan, — je ne suis pas prophète, et pourtant je parierais volontiers que c'est une bonne aubaine qui nous arrive là ! — Des justiciers aussi bien montés doivent être des gens d'importance. — Des gens d'importance ont la bourse bien garnie. — Quand la bourse est bien garnie, la dépense s'en ressent. — De tout cela je conclus que nous recevrons quelque notable éclaboussure des maravédis qui vont entrer en branle !...

— J'avais prié la madone ce matin, — répondit Rosita, — et je lui avais promis un petit cierge si la journée était bonne pour nous.

— Eh bien! reprit Juan, — ou je me trompe fort, ou la madone aura son cierge, et peut-être, au lieu d'un petit, pourras-tu, ma chère âme, lui en offrir un gros !...

— Amen ! — fit la jeune femme.

— Entendez-vous? — demanda Pablo en imposant silence, du geste, aux deux interlocuteurs.

Au bout d'un instant, Juan répondit :

— J'entends la petite voix sonore des grelots qui babillent.

— Ce sont les grelots des mulets de nos voyageurs, — ils ont dépassé déjà le troisième tournant de la route; — dans moins d'une demi-heure ils arriveront ici.

— Où ils seront les bienvenus. — dit Rosita.

Une demi-heure en effet ne s'était pas écoulée quand trois cavaliers bien montés débouchèrent à la fois sur la plate-forme que nous avons décrite.

Deux des membres de cette petite troupe marchaient l'un à côté de l'autre ; ce qui semblait indiquer une égalité à peu près complète de rang et de position. — Le troisième, un subalterne sans doute, les suivait par derrière à une distance de cinq ou six pas.

Pablo n'avait rien exagéré en parlant de la beauté hors ligne des montures de ces cavaliers. — Leur poil était lisse et brillant comme celui des chevaux de pur sang, — leur encolure hardie, — leurs jarrets larges et nerveux, et leurs longues oreilles fièrement redressées.

De majestueux pompons écarlates, assez semblables à ceux qui ornent aujourd'hui les bonnets à poil de nos tambours-majors, se balançaient sur leur tête et ajoutaient encore à l'air de distinction qui leur était naturel.

Voilà pour les bêtes. — Un mot des gens, s'il vous plaît.

A quelques toises de la porte de la posada, l'un des arrivants éperonna son mulet et se trouva seul en avant et à une courte distance de ses deux compagnons. — Ce cavalier était un homme de cinquante à cinquante-cinq ans, bien portant et bien conservé. — Sa courte taille et son ample embonpoint le faisaient ressembler à une barrique, tandis que son visage tout rouge, illustré de rubis et d'un nez écarlate — une vraie *trogne* de Falstaff — prouvait que de lui à un tonneau la comparaison était judicieuse, car l'un et l'autre, tonneau aussi bien que la futaille, devaient être souvent remplis du même jus ! — Cette face enluminée offrait une expression joviale et réjouissante.

Ce quidam se trouvait pour ainsi dire perché sur le dos de sa monture dont ses jambes, petites et courtes, serraient de leur mieux les larges flancs. — Mais ce *mieux* ne suffisait guère.

Le digne homme portait un vêtement de couleur noire, — des souliers à boucles d'acier. — A l'arçon de la selle pendait un large chapeau de paille d'un énorme diamètre.

Auprès du gros compagnon, le second cavalier avait l'air d'une antithèse ; il était aussi long, — aussi maigre, — aussi sec, — aussi fluet, aussi maigre, — aussi osseux, — aussi dégingandé, — que l'autre était massif, trapu, ventru et charnu. — Ses traits blêmes et renfrognés exprimaient autant de méchanceté sournoise et de mauvaise humeur chagrine que la large face de l'autre disait de gaîté et d'insouciance.

Évidemment, la nature, en un jour de goguette, s'était amusée à ôter au second cavalier ce qu'elle donnait de trop au premier.

L'homme maigre et pâle était tout vêtu de noir jusqu'au couvre-chef inclusivement, car il ne s'était point permis la molle volupté d'un chapeau de paille.

Quant au troisième arrivant, rien ne se pouvait voir de plus pantagruéliquement grotesque que sa mine et sa tournure. — Il semblait pâli par un immense effroi. — Il vacillait éperdument sur sa selle dont il tenait pourtant le pommeau entre ses mains crispées. — A chaque mouvement du mulet il faisait un brusque soubresaut, suivi d'une violente oscillation en avant ou en arrière. — Ses pieds larges et plats, — chaussés d'énormes souliers mal cirés, — entraient jusqu'à la cheville dans les étriers.

De plus, son chapeau pendait sur ses épaules, retenu à son cou par une mince lanière de cuir.

Au moment où les deux mulets des deux premiers cavaliers s'arrêtaient court devant la porte de la posada, la monture du troisième personnage, guidée par son instinct d'imitation, s'arrêta non moins brusquement.

Cette transition subite du mouvement à une immobilité absolue désarçonna complètement notre homme. — Il perdit le peu d'équilibre qui le maintenait en selle, et il tomba en avant, à cheval sur la bride.

Dès qu'il se fut remis sur ses jambes, qu'il eut palpé toutes les parties de son individu et qu'il se fut ainsi assuré son état parfait de conservation, sa physionomie se modifia du tout au tout et quitta son expression craintive et désolée pour prendre un air de satisfaction et de bonne opinion de soi-même, qui paraissait lui devoir être habituel.

Juan, le chapeau à la main, attendait devant sa porte et stéréotypait sur ses lèvres ce sourire engageant, familier aux aubergistes et aux danseuses.

— Ohé ! l'hôte ! — dit le gros cavalier à chapeau de paille, — venez un peu par ici, mon brave homme, me tenir l'étrier pendant que je mettrai pied à terre.

Juan s'élança avec une obséquiosité-servile.

Le voyageur maigre était descendu de sa monture d'un air grave et solennel. — Quant au troisième, nous savons qu'il n'avait point à se préoccuper des moyens de quitter la selle. — C'était une affaire faite.

Juan et Pablo emmenèrent les mulets sous un hangar qui servait d'écurie.

— Eh ! vite, ma commère, préparez-nous à souper, — reprit le gros homme en s'adressant à Rosita, dont il caressa le menton d'un air moitié paternel, moitié libertin, — et si vous avez dans l'âme, comme je n'en doute pas, à voir vos beaux yeux, quelques sentiments chrétiens et charitables, vous ne perdrez pas une minute, car nous venons de Fiscal, — nous n'avons rien mangé depuis Broto, — et de Broto ici je vous réponds que la course est bonne et donne un appétit d'enfer !...

— Que faudra-t-il servir à Vos Seigneuries ? — demanda Rosita.

— Ce que vous aurez de meilleur ! — Pourvu que ce soit excellent et qu'il y en ait beaucoup, nous ne vous en demanderons pas davantage, mon enfant.

— Vos Seigneuries coucheront-elles ici ?

— Eh ! sainte Vierge ! ma mignonne, où voulez-vous que nous couchions si ce n'est ici ? — Croyez-vous donc que les cailloux de la montagne soient des lits bien mollets et bien tentants ?... Oh ! que nenni !... Si mal couchés que nous soyons chez vous, nous serons toujours mieux qu'en plein air !... — N'est-il pas vrai, compère Esteban ? — ajouta le gros homme en s'adressant à son maigre compagnon, qui répondit :

— Bene !... bene !... optime !...

— Et toi, Gil, que penses-tu de notre voyage ? demanda le premier interlocuteur à son second acolyte.

— Ma foi, maître Pérès, — répliqua le personnage interpellé, — je pense que j'aimerais beaucoup me trouver, à l'heure qu'il est, dans ma petite maison de Fiscal, et que le banc peint en vert, qui est à côté de ma porte, me paraît cent fois préférable à la selle maudite de votre mulet !... Mais enfin, puisque nous sommes ici et qu'il faut y rester, je trouve que l'air de la montagne creuse abominablement l'estomac, et je déclare que je ferai grandement honneur au souper qu'on va nous servir...

— Voilà qui est judicieusement parler, mon ami Gil !... Entrons donc dans la maison et tâchons de hâter un peu les préparatifs du repas...

Et sans se préoccuper le moins du monde du magique panorama qui se déroulait devant eux, nos trois voyageurs franchirent la porte de la posada.

Le souper ne tarda pas à être servi dans une petite pièce qui sembla fort appétissante aux convives, qui restèrent silencieux pendant le commencement du repas, et mangèrent comme des gens qui ont à prendre leur revanche d'une longue diète. — On n'entendait que le choc des assiettes et des fourchettes, le bruit des mâchoires s'acquittant vigoureusement de leurs fonctions, et le cliquetis des verres que l'on prenait pleins sur la table et que l'on y replaçait vides.

Enfin le premier appétit s'apaisa. — Pérès recula quelque peu sa chaise, — il remplit son verre d'un vin de Ciudal-réal assez bon et il dit :

— Venez un peu par ici, mon hôte, s'il vous plaît.

Le maître de la maison s'avança.

— Comment vous appelez-vous, mon ami ?

— Juan Veloso, pour vous servir.

— J'ai quelques questions à vous adresser.

— Des questions, à moi ? — Dans quel but ?...

— Dans le but d'éclairer les démarches de la justice...

— Votre Seigneurie est magistrat ?

— Corrégidor de Fiscal. — Messire Esteban Gallina, que voici, est un second moi-même, et Gil Babledo que voilà est mon secrétaire.

Juan s'inclina d'un air soumis et respectueux, et répondit :

— Je suis aux ordres de Vos Seigneuries...

— Il s'agit du bandit *el Demonio* ! — reprit Pérès.

— Ah ! ah !... — fit Juan, tandis que son visage prenait une expression indéfinissable.

Pour la complète intelligence des événements qui vont suivre, nous devons entrer ici dans quelques courts détails.

L'Espagne, — personne ne l'ignore, — a toujours été la terre classique des bandits. — A l'époque où se passaient les faits que nous allons raconter, la partie des Pyrénées où se trouve placée la scène de notre récit servait d'asile à une poignée de gentilshommes de grands chemins d'une audace et d'une habileté remarquables, guidés par un chef dont le nom seul inspirait l'effroi, — le fameux *Juan el Demonio*.

La terreur qui se faisait autour du nom de Jean le Diable était d'autant plus profonde, qu'un étrange mystère entourait le bandit. — On ne connaissait ni sa famille, ni le lieu de sa naissance, ni même son visage. — Ceux qui avaient été dévalisés par *el Demonio* et sa bande ne s'accordaient en aucune façon sur le signalement du brigand : — il était grand, selon les uns, — petit, selon les autres ; — tous rapportaient cependant que son visage paraissait noir comme la gueule de l'enfer.

Bien des gens prétendaient qu'*el Demonio* n'était en réalité qu'un démon revêtu d'une apparence humaine pour venir faire le mal en ce monde, et changeant à son gré de forme et de figure. — Cette opinion s'était généralement accréditée et ne trouvait guère de contradictions.

Plus d'une fois les paysans de la plaine et de la montagne avaient chargé leurs longues carabines et formé des bandes pour tâcher de découvrir la retraite d'*el Demonio* et pour le traquer ensuite dans cette retraite comme une bête fauve. — Jamais ils n'avaient pu venir à bout de le joindre. — On eût dit qu'au milieu d'eux se trouvait un espion qui prévenait les bandits de toutes leurs démarches assez longtemps d'avance pour qu'il lui fût possible de se tenir sur ses gardes et de les faire échouer.

Voilà où en étaient les choses. — Reprenons maintenant la conversation entamée entre Juan l'hôtelier et le corrégidor de Fiscal...

— Vous avez entendu parler de Juan *el Demonio*, sans doute?... — demanda ce dernier.

— Si j'en ai entendu parler !... Hélas !... que trop !... pour mon malheur !...

— Il vous a causé quelque préjudice ?

— Il m'a ruiné, ni plus ni moins.

— Comment cela ?

— J'avais jadis une demi-douzaine de mulets que je louais aux voyageurs, ce qui me rapportait beaucoup. — *El Demonio* me les a volés !...

— Très-bien !

— J'avais une vache, — pauvre bête... — *El Demonio* en a dîné !...

— Parfait !...

— J'avais quelques moutons... — *El Demonio* en a soupé !...

— De mieux en mieux !...

— Enfin, depuis que sa bande occupe cette partie de la montagne, la route est devenue presque déserte... — Les voyageurs aiment mieux faire un énorme détour, afin d'éviter les endroits dangereux. Jugez du tort que cela fait à mon auberge !...

— Gil, — dit le gros homme, — il serait fort à propos de prendre note de tout ceci.

— Mon écritoire est restée pendue à l'arçon de la selle du mulet.

— Eh bien ! allez la chercher.

— J'y cours...

Le secrétaire sortit en toute hâte.

— Me sera-t-il permis, — murmura Juan, — de demander à Vos Excellences pourquoi elles veulent prendre note de ce que je viens de leur dire ?

— Très-bien, — répondit Pérès. — Nous sommes chargés de faire une enquête sur les déprédations du bandit, et après avoir obtenu de vous tous les renseignements que vous pourrez nous donner, nous en irons demain chercher d'autres dans les habitations de la montagne.

— Ah ! ah ! — fit Juan, — je vous servirai de guide si vous le voulez bien.

En ce moment Gil Babledo rentra et se mit en devoir de rédiger une sorte de procès-verbal.

— Vous êtes-vous trouvé face à face avec *el Demonio*? — demanda Pérès.

— Deux fois.

— Et il ne vous est rien arrivé de fâcheux?

— *El Demonio* sait que je suis pauvre, — il ne m'a pas fait de mal.

— Si vous le rencontriez maintenant, le reconnaîtriez-vous?

— Oui.

— Quelle est son apparence?

— Il m'a semblé qu'il était à peu près de ma taille.

— Et sa figure?

— Elle était noire comme celle d'un nègre.

— Était-il seul?

— **Absolument seul.**

— Étiez-vous armé?

— J'avais ma carabine.

— Comment n'avez-vous pas eu la pensée de vous en servir? — C'eût été cependant un beau coup de fusil. — La tête d'*el Demonio* est mise à prix, — cent écus d'or, comme vous le savez!...

— Sainte Vierge ! s'écria Juan, — se servir d'une carabine contre *el Demonio* !... et pourquoi faire ?...

— Pour le tuer, mordieu !...

— Votre Seigneurie ignore donc que le bandit est un démon, et que si j'avais seulement songé à le menacer, il m'aurait fait tourbillonner dans les airs comme une plume de perdrix grise, et lancé du haut en bas des Pyrénées dans la plaine, à quatre lieues d'ici, et même plus loin s'il avait voulu?

Pérès, Esteban et Gil haussèrent les épaules avec une pitié moqueuse à l'endroit de la naïve crédulité de l'aubergiste.

— Mais, mon brave homme, — dit le corrégidor, — si ce misérable était un démon, qu'aurait-il besoin de détrousser les passants, je vous prie ?...

Juan ne sembla point se rendre compte de toute la logique de ce raisonnement.

— Du reste, — reprit-il après un moment de silence, — je ne puis vous en apprendre plus long sur le compte d'*el Demonio*, puisque c'est tout ce que je sais ; mais j'ajoute à cela que si vous venez à bout de débarrasser de lui la contrée, je vous bénirai bien certainement du plus profond de mon cœur !... Ainsi soit-il !

En ce moment le gros corrégidor jugea que le quasi-interrogatoire de l'aubergiste était suffisant. — Il lui fit signe qu'il pouvait se retirer, et il dit, en s'adressant à Esteban :

— Je crois, sauf meilleur avis, mon compère, que nous ne ferions pas mal d'aller respirer un peu devant la porte...

— Une petite promenade facilitera la digestion... — Qu'en dites-vous ?

Pérès et Esteban quittèrent la salle et allèrent se promener de long en large sur la plate-forme. — Gil les suivit.

Juan était resté en arrière. — Aussitôt qu'il se trouva seul, il siffla d'une façon particulière. — Pablo vint aussitôt le rejoindre ; — ils se parlèrent bas pendant un instant, puis le jeune homme sortit par une porte de derrière et Juan rejoignit ses hôtes.

Le soleil était alors complétement couché, — la nuit succédait d'un façon brusque au crépuscule et envahissait rapidement l'horizon. — Çà et là, au loin dans la plaine, s'allumaient quelques feux qui semblaient refléter, comme l'eau calme d'un grand lac, les étoiles qui brillaient au ciel, — les grandes masses granitiques dominant la posada ressortaient en noir sur le bleu sombre du firmament.

Juan, qui causait avec le corrégidor, leva les yeux par hasard.

A plusieurs centaines de pieds au-dessus de la plate-forme, — à l'extrémité d'une roche qui surplombait l'abîme, —se dessinait la silhouette d'un homme de haute taille, debout et appuyé sur sa carabine comme un *Fra-Diavolo* d'opéra-comique.

— Le voilà ! — s'écria Juan, — le voilà !...

— Qui ? — demandèrent Pérès et ses compagnons en tressaillant.

— *El Demonio !*

— Où ?

— Là.

Et, du doigt, Juan indiqua l'apparition.

— Vous en êtes sûr ?

— Oui, — Je le reconnais à sa taille, — à son attitude, — à sa carabine ! D'ailleurs, on le voit souvent, le soir, pendant des heures entières, immobile sur cette pointe de rocher.

— Gil... — dit vivement le gros homme, — prends ton écritoire et écris !

Le secrétaire obéit, et il ajouta cette phrase mémorable à son procès-verbal : *Aperçu le bandit el Demonio, debout sur le haut d'un rocher.*

Quelques instants après, l'homme à la carabine avait quitté son poste.

— Je suis content de ne plus le voir, — murmura Juan ; — de loin comme de près, il me fait peur !

— Ce sera un beau jour, n'est-ce pas, notre hôte, que celui où l'on pendra le bandit sur la grande place de Fiscal ? — demanda Pérès à Juan.

— Oui, — répondit ce dernier, — oui... le jour où on le pendra ! Mais quand viendra ce jour ?

— Bientôt, j'espère.

— Que Dieu vous entende !

— Vous nous avez dit, — reprit Pérès, — que vous nous serviriez de guide pour continuer demain, nontre enquête dans la montagne ?

— Je l'ai dit et je le répète. Dès le point du jour, je serai aux ordres de Vos Seigneuries.

— Maintenant, nous allons nous mettre au lit. — Bonsoir, notre hôte... et demain, au premier chant du coq, en route !

A l'heure convenue, Juan éveilla les trois dormeurs.

Un copieux déjeuner commença la journée, et pleine justice fut rendue à la cuisine de Rosita et au vieux vin du Val-de-Pénas ; puis, sous la conduite de Juan, les gens de loi se mirent en route.

Ils avaient déjà fait quelques centaines de pas, quand l'énorme bouledogue dont nous avons déjà parlé accourut à leur suite et vint appuyer ses robustes pattes sur la poitrine de son maître, en hurlant joyeusement.

Juan le repoussa.

— Pourquoi chassez-vous ce brave chien ? — qui vous caresse tant ? — demanda Pérès.

— Parce qu'il faut qu'il garde la maison quand je suis absent, — répondit l'hôtelier.

En même temps il se retourna pour crier :

— Rosita ! appelle Vulcain et attache-le !

Ce qui fut fait.

Les renseignements recueillis dans les deux ou trois maisons que l'on visita d'abord, n'avaient ni plus d'importance ni plus d'intérêt que ceux donnés par Juan la veille au soir.

— Chacun parlait du bandit avec une terreur superstitieuse, mais personne ne pouvait donner une notion, même vague et incertaine, sur le lieu de sa retraite.

Le corrégidor se sentait découragé. — Juan lui rendit un peu d'espoir en lui disant :

— Je vais vous mener chez un montagnard qui dernièrement a été dévalisé par el Demonio en personne. — Je crois qu'il en saura plus long que tous ceux que vous venez d'interroger... — Seulement, il faut quitter la route et entrer dans des sentiers un peu difficiles, mais nous serons vite arrivés.

On s'engagea dans des sentiers que certes Juan n'avait pas calomniés. — Il fallait tantôt monter tantôt descendre, — puis gravir des ravines escarpées, — tourner péniblement des rochers qu'on ne pouvait franchir, — côtoyer des abîmes profonds à donner le vertige.

Pérès suait à grosses gouttes. — La figure d'Esteban exprimait une mauvaise humeur plus formulée encore que de coutume. — Enfin, Gil était aussi pâle que si les aliments de son déjeuner venaient de se changer en poison dans son estomac.

De temps en temps Juan disait :

— Nous arrivons...

Mais comme on n'arrivait pas, cette espérance, toujours déçue, n'avait sans doute d'autre but que celui de relever le courage défaillant de ses compagnons.

A l'approche de la petite troupe, un grand vautour, posé sur le sommet d'un sapin brisé, prit tout à coup son vol.

Juan arma sa carabine, mit en joue l'oiseau et fit feu. — Le vautour tomba.

L'habile tireur alla le ramasser et fit voir à Pérès et à Esteban que la balle lui avait brisé la tête.

— Vaillamment tiré, notre hôte !... — s'écria le corrégidor. — Si el Demonio eût été à la place de ce vautour, notre course serait désormais sans but... — Est-ce que vous ne rechargez pas votre carabine ?...

— Si !... si !... — répondit Juan.

Mais il ajouta tristement, après avoir fouillé dans ses poches :

— Ah ! maladroit que je suis, j'ai oublié de prendre de la poudre !

Il jeta sur son épaule son arme désormais inutile, puis il se remit en marche avec ses compagnons. — Au bout d'environ dix minutes, ils atteignirent une plate-forme très-étroite, plantée de sapins séculaires et dominée de tous les côtés par des arbres gigantesques.

A peine avaient-ils atteint le milieu de cette plate-forme, qu'on entendit retentir un coup de sifflet. — En même temps dix ou douze hommes s'élancèrent de derrière autant de troncs d'arbres, et nos quatre personnages furent étroitement entourés.

— Ne bougez pas, dit un des assaillants, — n'essayez point une résistance inutile. — Au cas où vous sera fait aucun mal.

Le corrégidor, son collègue et son secrétaire obéirent passivement à l'ordre qu'ils recevaient.

Juan, seul, faisait de violents efforts pour se dégager des mains des bandits.

On le garrotta. — Quant à ses compagnons, plus dociles, on se contenta de leur bander les yeux.

Chacun d'eux fut mis sous la garde de trois coquins, et celui qui paraissait être le chef de la troupe donna le signal du départ.

Après une course longue et aussi rapide que le permettaient les difficultés du terrain, les bandits s'arrêtèrent. — On enleva les bandeaux des prisonniers qui purent examiner à loisir le lieu dans lequel on les avait amenés.

C'était une haute et vaste salle voûtée qui semblait taillée dans le roc. — Un sable blanc et fin couvrait le sol, — l'air et la lumière arrivaient à flots par de larges ouvertures ; — en revanche, rien n'était sombre et farouche comme les figures des hardis compagnons qui remplissaient cette salle.

— Où sommes-nous, et que veut-on faire de nous... — demanda piteusement le corrégidor.

L'un des bandits fit cette réponse :

— Vous êtes au pouvoir de ce Juan el Demonio que vous espériez faire pendre, car nous savons parfaitement bien qui vous êtes et ce qui vous amenait dans la montagne. — Vous, messieurs les gens de police, vous faisiez une enquête contre nous... — Toi, Juan Veloso, tu servais de guide à ces honorables seigneurs. — Comme des étourneaux, mes maîtres, vous êtes venus vous jeter entre les griffes du milan, — comme des étourneaux vous y laisserez les plumes de vos ailes !...

— Va-t-on nous égorger ? — balbutia Pérès dont la figure écarlate était devenue verdâtre.

— Je ne sais pas, — répliqua le bandit.

— Est-ce l'illustrissime Juan el Demonio qui me fait l'honneur de nous adresser la parole ?

— Non, ce n'est pas el Demonio qui vous parle... mais il vous entend.

Juan continuait à faire retentir la voûte de ses plaintes et de ses lamentations, — il invoquait Dieu le Père, — Dieu le Fils, — Dieu le Saint-Esprit, — la bienheureuse Vierge Marie, — saint Jean l'évangéliste, son patron vénéré, et tous les saints du calendrier.

— Enfin, — demanda de nouveau Pérès, — quelles sont, à notre égard, les intentions de votre très-honorable capitaine ?

— Vous allez le savoir. — Notre honorable capitaine, ainsi que l'appelle très-judicieusement Votre Seigneurie, n'est rien moins que cruel ; — il est tout à fait sans exemple qu'il ait tué ou fait tuer qui que ce soit quand il n'était point de son intérêt d'en agir ainsi. — Or, je ne crois pas que votre mort puisse lui devenir profitable.

Pérès et ses compagnons respirèrent plus librement.

L'orateur ajouta :

— A moins, cependant, que vous ne la rendiez nécessaire. — Tout dépendra de vous.

— Que faut-il faire ? — demanda le corrégidor devenu pâle.

— Est-ce mettre à trop haut prix les trois vies précieuses de vos trois Seigneuries que de les estimer trois cents écus d'or et trente écus pareils la chétive existence de ce posadero de malheur ?

— Trois cents écus d'or ! — s'écrièrent à la fois Pérès, Esteban et Gil. — C'est trop ! c'est beaucoup trop !...

— Vos excellences sont modestes outre mesure et ne se rendent point justice, répliqua le bandit avec ironie. — Nous qui savons plus équitablement apprécier leur haute valeur, nous pouvons leur affirmer qu'elles ne sortiront point d'ici à moins de trois cents écus bien comptés. — Notre capitaine, el Demonio, est parfaitement résolu à ne pas rabattre un seul maravédis de la somme demandée.

— Eh bien, — dit le corrégidor d'un ton piteux, — laissez-nous partir, et puisqu'il le faut absolument, nous vous rapporterons cet argent...

Le bandit tira de ses lèvres une sorte de sifflement moqueur et prolongé ; puis il ajouta :

— Votre Seigneurie se moque de nous fort agréablement.

— Mais... — voulut dire le corrégidor.

— Vénérable corrégidor, — interrompit le bandit, — vous savez aussi bien que nous que cela fixe que vous seriez partis nous ne vous reverrions jamais !...

— Nous vous donnerons notre parole d'honneur...

— Dont nous faisons sans contredit tout le cas qu'elle mérite... — mais nous avons la faiblesse de lui préférer de l'argent comptant.

Le bandit se mit à rire, et tous ses compagnons l'imitèrent. — Il ajouta d'un ton plus sérieux :

— D'ailleurs, avec des hidalgos de notre espèce, la parole n'engage pas, — tout le monde sait cela.

— Mais alors, balbutia Pérès, — comment donc faire ?

— Rien n'est plus simple... — Le digne porte-plume que voilà, — et le bandit désigna Gil qui tremblait comme la feuille du bouleau, — le digne porte-plume a sur lui un arsenal d'encre, de papier, etc... — Ne fallait-il pas prendre des notes à notre endroit ?... — Il va, sous ma dictée, écrire quelques lignes que nous nous chargerons de faire parvenir à leur adresse...

— Écris, Gil... — dit le corrégidor tristement.

Esteban se taisait, — il semblait anéanti et comme pétrifié.

Le malheureux secrétaire se mit en devoir d'obéir, et le bandit dicta ce qui suit :

« Nous, soussignés... » — Les noms de Vos Seigneuries, s'il vous plaît ?

Les trois victimes répondirent successivement.

— Fort bien ; je continue :

« Nous soussignés, Pérès Garcia, Esteban Gallina, Gil Babledo, qui signons la présente lettre, prions toute notre famille, parents proches et éloignés, pères, — mères, — sœurs, — femmes, — enfants, — oncles, — tantes, — cousins et cousines à tous les degrés, et aussi nos amis, si nous en avons de véritables, de réunir à l'instant même la somme de trois cents écus d'or, et de la remettre sans tarder aux mains du porteur de cette lettre, faute de laquelle somme, nous serions pendus dans les trois jours. En foi de quoi nous signons, et prions Dieu qu'il ait en sa sainte et bonne garde tous ceux qui viendront à notre secours... »

Gil répéta les derniers mots.

— Maintenant, signez, — fit le bandit.

— Un instant, mes bons seigneurs, — un instant, au nom du ciel ! — s'écria Juan, qui jusqu'alors n'avait point parlé.

— Que veux-tu ?

— Vous avez prétendu, tout à l'heure, exiger pour ma rançon une somme de trente écus d'or.

— Sans doute.

— La valeur de tout ce que je possède est loin d'atteindre ce chiffre.

— Ça ne nous regarde pas. — Tu payeras, ou tu seras pendu.

— Hélas ! si je suis tombé entre vos mains, n'est-ce pas parce que je servais de guide à ces dignes seigneurs, et n'est-il pas juste que ces dignes seigneurs supportent la perte qu'ils m'occasionnent ?

— Cela me paraît juste en effet, — répliqua le bandit.

Et il ajouta en s'adressant à Gil :

— Reprenez la plume et continuez à écrire, seigneur garde-notes.

Puis il dicta cette phrase additionnelle :

« Il conviendra de joindre trente écus d'or à la somme de trois cents déjà demandée. »

— Oh ! — fit Esteban.

— Je ne signerai pas ! — s'écria Pérès.

Le bandit se tourna vers l'un des hommes et lui dit :

— Préparer les potences, Leurs Seigneuries veulent en essayer !

Ces quelques mots furent magiques... — Le corrégidor se précipita sur la plume et signa. — Esteban et Gil suivirent avec empressement son exemple.

— Je savais bien que vous entendriez raison ! — fit alors le bandit. — Maintenant nous allons bander de nouveau les yeux du seigneur porte-plume et de Juan le posadero, — nous reconduirons ces braves gens à l'endroit où nous les avons pris, — ils iront en grande hâte à Fiscal chercher l'argent, et comme avant toute chose il faut être juste, nous leur donnerons trois jours pour le rapporter. — Aussitôt revenus, ils viendront déposer la somme au *rocher du Vautour !* Toi, Juan, qui es du pays, tu connais l'endroit, et c'est là que sera opéré l'échange des prisonniers contre les écus d'or. — Maintenant, faites bien attention à ceci : c'est que si vous ne revenez pas seuls, si vous êtes accompagnés ou suivis par les alguazils, — si enfin vous méditez une trahison quelconque, non-seulement notre vengeance vous atteindra partout, mais encore, au moindre soupçon, deux de nos bons diables changeront de place et quitteront les canons de nos carabines pour aller se loger dans les crânes de Leurs Seigneuries... — Vous voici prévenus, partez et faites diligence !

Et tandis qu'on bandait avec une extrême précaution les yeux de Juan et de Gil, le bandit se mit à chanter, d'une charmante voix de ténor, une canzonnette italienne :

Thérésa n'avait pas seize ans,
Elle était rose, elle était blanche ;
Ses cheveux noirs et ruisselants
Descendaient plus bas que sa hanche !...
Mieux que Rosine ou que Marton
Elle aurait su damner un moine,
Et même subjuguer, dit-on,
Le chaste cœur de saint Antoine...

Elle était fille d'un pêcheur ;
Et n'avait pour toute fortune
Que son bateau sur la lagune,
Et ses seize ans, et sa fraîcheur.
Le doge aurait fait comme un cierge
Brûler son pont du Rialto
Pour trouver seule en son bateau,
Par un beau soir, cette vierge...

Mais Thérésa voulait rester
Aussi pure que la madone...
Elle aimait à se répéter
Que la vertu vaut la couronne !...
Propos tendres, coups d'œil brûlants,
Elle se disait : Que m'importe ?...
Et laissait compter aux galants
Tous les soirs les clous de sa porte !...

Qu'est-elle devenue, hélas ?
Fut-elle constamment sévère !
— Allons, mon hôte, je suis las,
Versez-moi du vin dans mon verre !...
De cotillons et de corsets,
— Le diable remplit sa chaudière !
Thérésa se fit vivandière
Un jour que passaient des Français !

Cependant on reconduisit le secrétaire et le posadero jusqu'à l'endroit néfaste d'où avait été tiré ce malencontreux coup de fusil, qui, sans doute, était venu donner l'éveil aux bandits. — Là, on les abandonna à eux-mêmes, et en peu de temps ils furent de retour à la posada de Juan, où ils reprirent les mulets qui, la veille, avaient amené Pérès, Esteban et Gil.

— La frayeur, — dit-on, — donne des ailes. — Dès le lendemain matin, les deux envoyés étaient à Fiscal ; — le soir, les trois cent trente écus d'or se trouvaient complétés. — Le troisième jour, enfin, on opérait, au rocher du Vautour, l'échange de Pérès et d'Esteban contre la somme convenue.

— Ah ! — s'écria le gros homme quand il se vit en liberté, — je n'aurai ni repos ni contentement que cette troupe maudite ne soit exterminée, et que ce misérable *el Demonio* ne soit pendu !

— Je vous approuve fort ! — répondit Jean avec gravité.

—

Pendant les trois jours de leur résidence forcée au milieu des bandits, Pérès et Esteban, quoique surveillés d'excessivement près, avaient été traités, sinon avec égards, du moins avec humanité. — On ne les laissait manquer de rien, et leur vie n'avait pas été menacée une seule fois, même en paroles.

Ils n'avaient point d'ailleurs entrevu le visage d'*el Demonio*, de ce fantastique capitaine, auquel la rumeur publique attribuait une apparence étrange, une tête noire et monstrueuse.

Cette captivité, malgré sa douceur relative, et surtout l'impôt forcé et excessif exigé par la toute-puissante volonté des bandits, avaient exaspéré le corrégidor, son collègue et son greffier. — Se venger d'*el Demonio* était devenu pour eux une question d'amour-propre, une affaire d'intérêt personnel ; — ils y pensaient sans cesse, — ils en parlaient le jour, — ils en rêvaient la nuit.

Aussi, un beau soir, — huit jours à peine après leur départ, on vit venir trois hommes à la posada de Juan et de Rosita, — mais cette fois ils n'étaient plus seuls.

Leur imposante escorte se composait du capitaine de police et de trente soldats. — Ce nombre était plus que suffisant, puisque Pérès et Esteban avaient eu tout le temps de s'assurer qu'*el Demonio* ne comptait que quatorze ou quinze hidalgos de grand chemin sous ses ordres.

Une heure à peine après l'arrivée des gens de police et de leur détachement, on apprit à la posada que deux voyageurs venaient d'être dévalisés dans la montagne, — mais, plus heureux que le corrégidor avaient pu voir, à la tête des assaillants, le visage de nègre d'*el Demonio*.

— Ah ! — s'écria Juan avec conviction, — Dieu bénira Vos Seigneuries pour la bonne idée qu'elles ont eue de revenir avec ces braves gens !... — Le pays entier conservera à Vos

Seigneuries une reconnaissance sans égale si elles viennent à bout de le débarrasser de ce démon à forme humaine !...
— Tâchez seulement de le prendre tout vivant. — J'ai dans ma maison un joli petit endroit que l'on dirait fait tout exprès, et où vous pourrez l'enfermer aussi sûrement que dans le meilleur cachot des prisons de Saragosse; ce qui vous donnera le temps de vous reposer après votre triomphe !...
— Que Vos Seigneuries viennent voir cet endroit, elles en seront contentes, et ça leur portera bonheur.
— Allons, répondit le corrégidor.

Juan le conduisit, ainsi qu'Esteban, au joli cachot tant vanté.

Il n'y avait point eu d'exagération dans ses éloges légitimes.
— Ce cachot était un joli petit caveau voûté, — fort sombre, — taillé dans le roc, et sans autre issue apparente qu'une porte massive solidement verrouillée en dehors.
— En vérité! — s'écria Pérès tout réjoui, — ceci fait merveilleusement notre affaire !... — Maintenant il ne s'agit plus que de tenir le bandit... — Nous commencerons demain la chasse, et si le coquin nous échappe, il faudra qu'il soit le diable en personne.
— Ce n'est pas pour rien qu'on le nomme el Demonio.... — murmura Juan.
— Nous verrons... nous verrons... — reprit le corrégidor en se frottant les mains.

Une heure après le souper, et au moment où l'obscurité se faisait, un caillou, venu on ne sait d'où, tomba sur la plate-forme aux pieds de Pérès. — Ce caillou était enveloppé dans un billet.

Le corrégidor ramassa le billet, le déploya et lut ce qui suit :

« Cette fois, Vos Seigneuries ne seront point rançonnées, — elles seront pendues !...
« EL DEMONIO. »

Les rubis du nez de Pérès pâlirent. — Esteban passa du jaune au vert et du vert au bistre. — Gil se prit à trembler plus fort que les moribonds consumés par la fièvre dans les marais Pontins.

Cependant ils se rassurèrent peu à peu et n'en persévérèrent pas moins dans leur premier projet.

Les soldats, trop nombreux pour trouver place dans la posada, allumèrent du feu et campèrent sur la plate-forme. — Leurs armes toutes chargées furent déposées dans une pièce intérieure, de crainte que l'humidité de la nuit n'altérât la poudre de leurs amorces. — Juan mit dans sa poche la clef de cette porte, et il répondit de tout.

Le lendemain, ainsi que l'avait dit Pérès, la chasse commença ; — des battues furent faites dans la montagne, mais elles ne produisirent d'abord aucun résultat. — On ne trouva ni la trace des bandis, ni celle de la caverne dans laquelle le corrégidor et ses compagnons avaient été retenus prisonniers.

Vers le milieu de la journée, on fit halte afin que les soldats pussent se reposer et prendre un peu de nourriture. — L'endroit choisi pour cette halte fut précisément cette même plate-forme plantée d'arbres, et entourée de rochers, où les gens de police avaient été précédemment surpris par les bandits ; — mais, cette fois, toutes les précautions étaient prises, personne n'avait quitté son mousquet, et des sentinelles, l'arme au bras, veillaient l'intérêt de la sûreté générale.

Ce qui n'empêcha point qu'à un moment donné on vit surgir, comme autant de fantômes, derrière les troncs d'arbres, les hommes d'el Demonio, et le bandit lui-même, reconnaissable à son visage noir comme le charbon.

Les soldats s'élancèrent sur leurs mousquets.
— Rendez-vous ! — dit el Demonio d'une voix calme, —

livrez-nous Pérès, Esteban et Gil; non-seulement il ne vous sera fait aucun mal, mais encore vous pourrez vous retirer immédiatement où bon vous semblera.
— Feu ! — cria le capitaine pour toute réponse.

Trente coups de mousquet retentirent à la fois. — Pas un des hommes d'el Demonio ne tomba; — le bandit lui-même resta debout et immobile, les bras croisés sur sa poitrine et la lèvre dédaigneuse sous la teinte sombre qui le couvrait.
— Feu ! — dit-il à son tour.

Les bandits étaient quatorze. — Quatorze soldats tombèrent. — Les autres, croyant à une sorcellerie manifeste, s'apprêtaient à lâcher pied, quand soudain la scène changea.

Pérès venait de tirer de sa poitrine un long pistolet qu'il y tenait caché.
— Nous verrons bien si tu es un démon, — murmura-t-il, — j'ai fait bénir ma balle.

Et il déchargea son arme sur le bandit qui battit l'air de ses deux bras, et roula sans connaissance sur le sol. — La balle lui avait traversé l'épaule.

Ses hommes, convaincus qu'il était mort, se débandèrent et s'enfuirent de tous les côtés, à travers les broussailles et au milieu des rochers.
— Ne perdons pas une minute, — dit alors Pérès en désignant le corps inanimé d'el Demonio. — Vite... vite... regagnons la posada et emportons avec nous le cadavre, car, si nous le laissions ici, le maudit ressusciterait ! A coup sûr, le diable était dans sa peau, puisque pour l'abattre il n'a fallu rien moins que la balle d'argent bénite de mon pistolet !...

On s'empressa d'obéir aux ordres du corrégidor.

Il faisait presque nuit lorsque la troupe décimée, mais victorieuse, arriva à la posada.

Chemin faisant, el Demonio, rudement secoué par les soldats qui le portaient sur un grossier brancard, avait repris connaissance.

Pérès essaya de l'interroger; mais il lui fut impossible de tirer un seul mot de lui.

On remit donc au lendemain le soin de le faire parler, et sans même se donner la peine de panser sa blessure, on l'enferma dans le caveau dont nous avons parlé et l'on mit à la porte un piquet de six hommes.

Pérès s'enquit de Juan. — Rosita répondit que son mari était parti dans l'après-midi pour Broto, et qu'il ne rentrerait que bien avant dans la nuit. — Le corrégidor alla se coucher.

Le lendemain matin, on ouvrit le cachot. — Le prisonnier ne s'y trouvait plus ! — Et cependant les sentinelles avaient fait bonne garde !...

Juan n'était pas rentré, — Rosita et son enfant avaient quitté la posada. — Tout cela ajoutait les limites de l'étrange pour atteindre celles de l'invraisemblable !... Pérès et Esteban devenaient à moitié fous de dépit et de colère.

Leurs chagrins et leurs soucis furent d'ailleurs de courte durée. — La nuit suivante, une main mystérieuse et qui resta toujours inconnue, mettait le feu à la posada, et le toit embrasé écrasait sous ses débris fumants l'infortuné corrégidor et ses deux compagnons.

Quant à Juan el Demonio, — ou Juan le posadero, si l'on veut, car nos lecteurs ont déjà deviné l'identité des deux personnages, — il agrandit encore sa terrible renommée, et mourut quinze ans après, des suites d'un coup de carabine, laissant un fils digne de lui succéder dans le commandement des hidalgos de la montagne.

Et voilà quelle fut l'histoire racontée, en face des ruines de la posada, par le zouave Jean Laterrade à votre très-humble serviteur.

FIN DE JEAN LE DIABLE.

LA COMTESSE DE LAGARDE

I. — DEUX AMIES.

Il était sept heures du soir.
La neige tombait à flocons serrés et continus.
Un brouillard épais montait de la Seine, descendait du ciel, et enveloppait dans un manteau humide et glacé la grande ville palpitante.

Les piétons se hâtaient de rentrer au gîte.

Quelques rares voitures roulaient lentement et avec un bruit sourd sur le pavé glissant et couvert de neige.

La rue d'Anjou-Saint-Honoré était morne comme un tombeau et silencieuse comme une voie romaine d'Herculanum ou de Pompéi.

Nous allons conduire nos lecteurs dans l'un des plus beaux hôtels de la rue dont le nom vient de se rencontrer sous notre plume.

Après avoir franchi les larges marches d'un escalier de marbre blanc, merveilleusement chauffé par les bouches de chaleur d'un calorifère invisible , et tout embaumé par les parfums exquis d'arbustes des tropiques, on parvenait à une antichambre.

Cette antichambre était meublée de longues banquettes de velours vert, et de deux ou trois grands laquais, fort insolents, fort galonnés, et, pour le quart d'heure , profondément endormis.

A cette antichambre succédaient deux salons de réception, dans lesquels six cents personnes devaient circuler à l'aise.

Ces salons étaient déserts.

Et enfin, tout au fond, et à demi cachée par la tenture de velours grenat, se voyait une porte blanche à filets dorés.

Cette porte ouvrait sur un petit boudoir de forme ovale, dont nous ne saurions dignement décrire la coquette élégance.

D'épais rideaux de vieux lampas, aux couleurs éclatantes, drapaient leurs plis lourds et somptueux devant l'unique fenêtre de ce petit salon.

Ils interceptaient d'une manière absolue les derniers et faibles rayons' du jour, et créaient une obscurité factice, combattue par les huit bougies de deux candélabres posés sur une cheminée de marbre vert.

Un tapis de la Savonnerie, figurant une nuée de petits amours joufflus, en train de nouer galamment des bouquets de roses, couvrait le parquet de son tissu doux et épais comme un gazon au mois de juin.

Un feu vif et clair pétillait joyeusement dans l'âtre, léchant de ses flammèches capricieuses les têtes dorées et ciselées des lourds chenets à formes humaines.

De petits objets d'art, délicats et charmants, de curieuses et coûteuses bagatelles encombraient les étagères.

Des tableaux de genre, signés Diaz, Roqueplan, Decamps, des aquarelles d'un grand prix, deux ou trois grands portraits de Latour et de Largillière, étaient fixés aux panneaux sculptés de la boiserie.

Enfin, dans le milieu du boudoir, sur une table d'ébène incrustée de cuivre et d'écaille, chef-d'œuvre échappé jadis des ateliers de Boule, on voyait entassée, dans le plus gracieux désordre, une collection d'albums de musique, de keepsakes anglais, de livres illustrés, de gravures, de romans nouveaux, de journaux et de brochures.

Sur une large chauffeuse mise en travers devant le foyer, étaient assises deux jeunes femmes, la moue aux lèvres et le regard ennuyé.

Ces jeunes femmes étaient si jolies, si gracieuses, si séduisantes toutes deux, que Pâris, le trop heureux berger de mythologique mémoire, eût été fort embarrassé, ma foi, s'il se fut agi de décerner la pomme à l'une d'elles, au préjudice de l'autre.

Cependant leurs genres de beauté étaient essentiellement différents.

La première, — méridionale, à coup sûr, — était brune comme une Espagnole.

Sa chevelure magnifique , soyeuse , brillante , et d'une opulence incroyable, se tordait derrière sa tête avec une négligence voluptueuse, et retombait en longues boucles le long de ses joues brunes et dorées.

Son origine se trahissait encore dans la coupe, et surtout dans l'expression de ses grands yeux noirs , tantôt alanguis par une sorte de vague rêverie , tantôt étincelants d'une flamme amoureuse et d'une ardeur passionnée.

Son teint pâle et mat, quoique chaud, se colorait par instant d'une pourpre vive et passagère.

Elle était grande et svelte.

Le corsage rigoureusement ajusté de sa robe de velours noir, mettait en relief les riches et fermes contours de son buste.

Les sévères et irréprochables perfections de forme d'une statue antique. s'unissaient en elle à la grâce toute moderne, grâce coquette , mignarde , caressante pour ainsi dire , d'un type de Gavarni.

Nous ne parlons que pour mémoire de ses pieds et de ses mains.

Ses pieds étaient des pieds d'enfant.

Ses mains étaient toutes patriciennes.

Cette jeune femme avait vingt-deux ans, et se nommait Marie de Lagarde.

Sa compagne, beaucoup plus petite qu'elle, et aussi blonde que Marie était brune, était la vicomtesse Henriette de Cerny.

Depuis deux mois, Henriette offrait l'hospitalité de son hôtel, à son amie d'enfance, Marie de Lagarde, dont le mari n'était point à Paris dans ce moment.

Nous avons dit un peu plus haut que les deux jeunes femmes se taisaient et semblaient s'ennuyer fort.

C'était vrai.

C'est, qu'en effet, elles se trouvaient dans un de ces moments de spleen passager qui de temps à autre vient mettre sa ride sur le front blanc et poli des plus jolies et des plus heureuses femmes du monde.

Elles se taisaient.

Pourquoi?

Parce qu'elles avaient usé, — et abusé. mon Dieu ! — de tous les sujets de conversation.

Parce qu'elles avaient usé et abusé de ces *riens* charmants, qui sont le fond des causeries du monde, — de ces mille bruits, — de ces médisances, — de ces indiscrétions que les femmes aiment tant.

Les bals, — les concerts, — les spectacles avaient été passés en revue.

On avait parlé des plaisirs d'hier et des plaisirs de demain.

On avait déroulé , on avait commenté la chronique innocemment méchante des petits amours et des petits scandales.

Plus d'une épigramme acérée , plus d'une ironie mordante , avaient arraché un demi-sourire aux deux jeunes femmes.

Mais quand tout avait été dit...

Quand il était devenu évident que la conversation , enfermée comme le scorpion dans un cercle de feu, n'en pouvait plus sortir...

Alors... hélas ! hélas !

Alors, le silence se fit.

Et c'est juste dans ce moment que nous sommes entrés dans le boudoir de l'hôtel de Cerny.

Marie de Lagarde fut la première qui releva la tête.

— Henriette... — dit-elle.

— Hein ? — fit sa compagne.

— A quoi penses-tu ?

— A quoi je pense?

— Oui.

— A rien de bon.

— Je m'en doute... mais encore ?...

— Eh bien, je pense...

— Que nous nous ennuyons beaucoup, n'est-ce pas ? — interrompit Marie de Lagarde.

— Précisément.

— Tu as raison.

— Ainsi, tu es de mon avis ?

— Certes ! — et toi! à quoi pensais-tu ?...

— Moi, je cherchais la cause de cet ennui.

— Trouvais-tu ?

— A peu près.

— Et, c'est?...

— Mon Dieu, c'est la monotonie de notre existence, — c'est le plaisir toujours uniforme, se présentant à heure fixe, avec des allures constamment les mêmes, — c'est une vie réglée comme du papier de musique, ne laissant pas la plus petite place à l'imprévu et à la fantaisie— c'est la nécessité de faire aujourd'hui, demain, après-demain , toujours, ce que nous faisions hier, ce que nous faisions avant-hier, ce que nous avons fait depuis le premier jour de notre mariage.

— Hélas ! — interrompit Marie, — Hélas ! trois fois hélas pauvres petites femmes que nous sommes ! !

— Certainement— poursuivit sa compagne — certainement nous sommes très-heureuses, certainement nous nous amusons à toutes les fêtes, nous dansons à tous les bals, — nous sommes fort belles, et fort admirées, et fort courtisées, à tous les raouts, — nous entendons de très-excellente musique à l'Opéra et aux Italiens, mais franchement, à force d'être toujours et invariablement amusant, tout cela finit, à la longue, par devenir horriblement ennuyeux !

— Mon Dieu, je le sais bien, mais, que veux-tu ?..

— Ce que je veux?

— Oui.

— Je veux autre chose.

— Quoi donc?

— Du nouveau.

— Où en trouver.

— Eh! si je le savais, je te dirais : « Allons-y. »

— Ainsi tu crois qu'il doit y en avoir, du nouveau, dans Paris ?

— Certainement, il y en aurait, et beaucoup, si nous voulions...

— Comment si nous voulions?...

— Ou plutôt, si nous osions

— Eh bien, osons!

— Impossible !

— Pourquoi?

— Parce que nous avons le malheur très-envié d'être toutes deux de très-grandes dames, et que nous traînons sans cesse à notre pied le lourd boulet du respect humain...

— Que veux-tu dire?

— Écoute-moi, et sois franche.

— Je te promets une religieuse attention, et, de plus, une entière franchise.

— C'est le mieux du monde, dit Henriette.

Puis, elle se rapprocha encore de Marie, et elle ajouta en mettant une sourdine aux cordes déjà si douces de sa voix :

— As-tu réfléchi quelquefois, chère amie, à la charmante existence que menaient nos bonnes grand'mères, jolies femmes du temps de la régence, et contemporaines de Sa Majesté Louis XV, roi de France et de Navarre, surnommé le Bien-Aimé, sans doute parce qu'il était fort aimable?...

— Ma foi non... nos grand'mères, — dit-on — (et je veux croire que c'est plus qu'une médisance de l'histoire)— étaient un peu... coquettes...

— Dis même, un peu... coquines,—interrompit Henriette.

— Et c'est pour cela que tu les envies! s'écria madame de Lagarde avec étonnement.

— Moi! par exemple! ah! fi donc! — répliqua Henriette d'un petit ton de pruderie, le plus joli du monde, — je ne parle point de leurs erreurs, que je blâme et que je désapprouve tout autant que tu le fais toi-même, — je ne m'occupe que de ce qu'il y avait dans leurs plaisirs de piquant et de légitime.

— Explique-toi, ma chère, tu procèdes par énigmes, et je n'ai jamais su deviner le moindre logogryphe...

— Il y avait dans leurs habitudes, dans leur manière d'être, dans leurs façons d'agir, un certain je ne sais quoi d'imprévu et de déluré qu'autorisait, du reste, le sans-gêne des mœurs de l'époque. — Ainsi, quoi de plus charmant que ces grandes dames faisant l'école buissonnière, et s'en allant, en habits de grisettes, danser aux Porcherons, ou assister à la joyeuse noce de quelque mercier de la Cité?...

— C'est vrai.

— Quoi de plus neuf, de plus réjouissant, de plus romanesque, que d'inspirer une grande passion à quelque joli courtaud de boutique, à quelque charmant soldat aux gardes françaises, qui vous avait vue qu'une heure, et qui vous cherchait toute sa vie sans vous retrouver jamais ! — Ah! ma chère Marie, c'était là le bon temps! —

— Peut-être, mais qu'y faire?

— Rien. — Aussi n'en parlons plus — cela donne des regrets, et voilà tout. — Voyons, où irons-nous ce soir ?

— Où tu voudras.

— Donne-moi ce journal. — Est-ce jour d'Opéra? — Oui : *Académie royale de musique :* GISELLE — *à minuit, bal masqué.* — Vivat! — Je tiens notre équipée! — Nous irons ce soir au bal de l'Opéra.

— Au bal de l'Opéra! — répéta Marie stupéfaite.

— Parfaitement.

— Tu es folle !

— Pas le moins du monde. — Voyons, est-ce qu'on ne peut pas aller au bal de l'Opéra, par hasard, par curiosité , une fois?...

— Mais on dit...

— On dit des sottises... d'ailleurs, que nous importe ce qu'on dit ?

— Mais, si l'on venait à savoir...

— Quoi? — et puis je ne compte pas faire un mystère de ce que je te propose. Nous irons au bal en tout bien tout honneur, avec mon mari, qui ne demandera pas mieux que de nous passer cette fantaisie.

— Mais, si le mien n'est pas content?

— Comment, pas content? y songes-tu? — D'abord il est absent, et les absents ont tort, — c'est un proverbe qui le

dit. — D'ailleurs, tu es chez moi, je vais quelque part, tu y viens avec moi, rien de plus naturel! Si M. de Lagarde était ici, il serait de la partie, — il n'y est pas, je te sers de chaperon, est-ce clair cela?—Je voudrais bien voir que ton mari trouvât mauvais que tu m'accompagnasses quelque part !...

— Mais...

— Il n'y a pas de mais... — D'abord, moi, je te préviens que si tu ne veux pas venir...

— Tu iras seule?

— Non pas, — je resterai, au contraire, et comme depuis un moment j'ai une envie folle de voir un bal de l'Opéra, je t'avoue franchement que cela me contrariera beaucoup, et même que ça me désolera.

— Comment, tu y tiens à ce point?

— Et plus encore, si c'est possible !

— Eh bien ! puisque tu le veux absolument, j'irai.

— Bravo!...

— Mais, comment y va-t-on à ce bal?

— En domino.

— Nous n'avons pas de dominos...

— Nous en aurons dans une heure.

Madame de Cerny sonna et demanda sa voiture.

Puis, tout en mettant son châle et en nouant les rubans de son joli chapeau bleu de ciel, elle s'écria :

— Dieu! comme nous allons nous amuser !

— Tu en es sûre? — demanda Marie.

— Très-sûre.

— Mais, comment, et de quoi nous amuserons-nous, je te prie?

— Je n'en sais rien, — mais tu verras. — D'abord, souviens-toi de ceci, ma chère, c'est que le nouveau est toujours amusant.

Et, après avoir formulé cet axiome de morale facile, Henriette sortit avec Marie pour faire les emplettes nécessaires à la réalisation de leur projet, projet auquel M. de Cerny, disons-le, se prêta de la meilleure grâce du monde.

II. — UNE RENCONTRE AU BAL MASQUÉ.

Il était à peu près une heure et demie du matin quand les deux gracieux dominos , escortés par le mari d'Henriette, arrivèrent au bal de l'Opéra.

M. de Cerny, voulant rendre la fête complète, avait d'abord mené ses compagnes souper au cabaret.

Ces dames avaient été quelque peu mises en gaîté par le vieux madère et le Saint-Peray frappé du café Anglais.

Aussi, dans le premier moment, leur admiration fut extrême en traversant la foule pour se rendre à la loge qu'avait louée M. de Cerny.

C'est qu'en effet, la salle de l'Opéra, vue un jour de bal pour la première fois, a quelque chose de réellement étrange et de vraiment bachique.

Tout à l'entour, étagées, ainsi que des murailles vivantes, ces figures bizarres, ces costumes fantasques et fantastiques, où le rococo le plus pur s'allie aux mille fantaisies de l'imagination moderne, ces groupes bariolés de couleurs tranchantes, d'où partent sans cesse , s'appelant, se répondant, se croisant, s'entre-choquant, des mots et des cris qui n'appartiennent à aucune langue...

Ce tumulte confus, formé par les clameurs avinées et incohérentes de la foule, clameurs folles et désordonnées, qui dominent par intervalles la grande voix vibrante des cuivres de Musard... Et, parmi tous ces bruits, au sein de tous ces tourbillons, sous le voile de plus en plus opaque de toutes ces poussières, sous l'éclat aveuglant de toutes ces lumières, une danse folle et lubrique, enragée et lascive, qui tantôt ondoie comme les vagues de la mer, tantôt tourne, emportée avec une fureur incessante, ainsi qu'une ronde internale...

Montez aux loges de ce théâtre, cher lecteur, appliquez votre visage à la lucarne de l'une des loges, et dites-moi si l'on ne croirait pas assister à quelque orgie infernale par un soupirail du royaume de Satan.

Ce spectacle étrange, ce panorama mouvant étonna et charma d'abord, puis lassa bientôt madame de Cerny, qui proposa à sa compagne et à son mari de venir faire un tour au foyer et dans les couloirs avant de retourner à l'hôtel.

En conséquence, Henriette prit l'un des bras de M. de Cerny, qui offrit l'autre à madame de Lagarde, et tous trois entamèrent avec ardeur cette croisière désespérée dont le résultat devait être de conquérir de vive force une des portes du foyer.

Signalons en passant un fait sur lequel nous appelons la sérieuse attention des moralistes et des observateurs.

La galanterie française est célèbre, à bon droit, dit-on, — et pourtant, à peine ont-ils posé le bout de leur botte vernie sur les tapis et les parquets du bal de l'Opéra, que tous, gentilshommes du blason, de la banque et du barreau, deviennent à l'envi manants et populaciers à faire peur, coudoyant brutalement les femmes et ne s'adressant à elles qu'avec les expressions les plus ignobles du vocabulaire ultra-énergique des halles et des lupanars.

A cela vous répondrez qu'il n'y a à peu près que des filles au bal de l'Opéra.

D'accord, messieurs, mais, après tout, ces *filles* sont des femmes, traitez-les donc en public, sinon avec un respect qu'elles ne méritent pas, du moins avec quelque décence.

Cela dit, passons.

Les efforts courageux de M. de Cerny et de ses compagnes furent enfin couronnés de succès.

Tous trois parvinrent à s'introduire dans le foyer.

Mais, après deux minutes de promenade dans la foule compacte, insolente et obscène qui grouillait dans *ce lieu de délices* (style d'un collégien racontant ses bonnes fortunes à un camarade de classe) le plus ardent désir des jeunes femmes fut de quitter cet antre maudit, et leur guide docile les dirigea du côté de l'une des sorties.

Elles allaient y arriver, quand soudain un grand mouvement se fit dans la cohue.

A vingt pas de l'endroit où elles se trouvaient, un gentilhomme de la demi-aune avait octroyé un vigoureux coup de poing sur l'œil d'un de ses collègues qu'il venait de surprendre en flagrant délit de tentatives don-juanesques à l'endroit de sa bien-aimée, petite actrice des Délassements-Comiques.

La violence du coup avait fait reculer l'attaqué.

De son côté, l'agresseur s'était jeté vivement en arrière pour éviter la première riposte de son antagoniste.

Ce double et brusque mouvement faisait osciller la foule en sens inverse, et le remous de cette fluctuation réagissait jusque sur les extrémités les plus lointaines du foyer.

Un flot de promeneurs heurta brusquement Marie, la poussa en avant, et la contraignit à lâcher le bras de M. de Cerny, de qui elle se trouva séparée.

Elle essaya de le rejoindre. Mais c'était chose impossible.

Un autre courant s'était formé et entraînait Henriette et son mari dans le sens opposé.

Marie ne les voyait déjà plus.

Elle songea à regagner la loge où, sans doute, M. de Cerny penserait à venir la chercher.

Elle en avait oublié le numéro.

Alors, isolée, perdue dans cet abominable tohu-bohu, Marie commença à avoir peur.

La chaleur était étouffante, à ce point que de grosses gouttes de vapeur liquéfiée coulaient le long des murailles, et que la flamme des becs de gaz et des bougies ne pouvait brûler perpendiculairement.

Marie sentit que le cœur lui manquait.

Des bourdonnements remplirent ses oreilles et ses jambes se dérobèrent sous elle. Elle allait tomber, mais, par bonheur, elle se trouvait alors tout près de l'un des divans de la rotonde qui termine le foyer du côté gauche.

Le hasard permit que l'une des places de ce divan fût inoccupée. Marie s'y assit. Il était temps.

Une minute de plus et elle se serait trouvée mal.

Quelques instants de repos lui rendirent un peu de force et de courage.

Elle se releva et promena autour d'elle son regard indécis, cherchant à découvrir M. de Cerny et Henriette.

Elle ne les vit pas.

Sa pose, en ce moment, son attitude, son allure, exprimaient l'embarras, le trouble, l'inexpérience.

Tout cela, on le devine, aux yeux prévenus des habitués des bals de l'Opéra, devait paraître une comédie jouée avec une habileté singulière.

D'ailleurs la tournure de Marie était ravissante sous son domino. La barbe de dentelle du loup de velours noir laissait deviner un menton charmant. Les moindres plis du camail et de la jupe trahissaient la jeunesse et l'ampleur des contours.

Aussi Marie se vit-elle bien vite assaillie par les provocantes déclarations de quelques viveurs avinés et cherchant fortune.

De tous côtés retentirent autour d'elle, ces lieux communs de galanterie facile et positive, qui ont on ne peut mieux cours aux foyers des théâtres pendant le carnaval, mais qui

l'effarouchèrent à un tel point qu'elle essaya de se soustraire par la fuite à ces excentricités de mauvais goût.

Ceci ne faisait point l'affaire d'un grand gaillard de cinq pieds huit pouces, d'un blond faux tirant sur le rouge, avec de larges épaules et des moustaches touffues retroussées en crocs de mousquetaire.

Ce quidam, sorte de courtier-marron, très-enivré du bruit de quelques pièces d'or qu'il faisait tinter dans son goussel, avait deviné du premier coup d'œil la merveilleuse beauté de Marie et s'était promis d'en faire la compagne du reste de sa nuit.

Aussi, au moment où la jeune femme essayait de se faufiler dans la foule afin d'y disparaître comme une alouette dans les blés, il se campa carrément devant elle et lui dit avec le grossier aplomb de sa lourde nature, aplomb encore renforcé par quelques verres de vin de Champagne frelaté à deux francs cinquante centimes la bouteille :

— On ne passe pas, les amours !

— Mais, monsieur... — murmura Marie.

— Viens avec moi, tendre biche, accepte mon bras gauche, — côté du cœur, côté des dames, — je t'offre la protection de ma poitrine d'homme ! — poursuivit le courtier-marron.

Marie ne répondit point, et, à vrai dire, elle n'avait ni entendu ni compris.

L'ingénieux lovelace reprit :

— Viens avec moi, fille du ciel, — je te propose un cabinet chez Vachette, — perdreau truffé, — homard rémoulade, — truffes à la serviette, — champagne frappé et divan...

L'homme aimable retroussa sa moustache gauche et répéta avec complaisance :

— Et divan ! — C'est coquet, ça, hein ? — Ça s'accepte un peu, hein ? — Filons, les amours !

Et le quidam voulut prendre la main de Marie.

Mais la jeune femme retira vivement son bras au milieu des éclats de rire du cercle de curieux qui s'étaient agglomérés autour d'elle.

— Messieurs, je vous en supplie, laissez-moi passer, — dit-elle d'un ton suppliant.

— Passer ! — plus souvent, ma mignonne ! — reprit le lovelace du trois pour cent et de la vente à terme. — Je te destine mon cœur et tu l'auras, — si ce n'est de gré, ce sera de force ! — Malheureuse innocente, tu refuses ton bonheur ! la charité m'ordonne de te faire accepter malgré toi !...

Et, joignant l'action aux paroles, notre Adonis fit le geste de prendre Marie par la taille et de la soulever.

Madame de Lagarde jeta un faible cri, et son regard éperdu sembla chercher un défenseur parmi les hommes qui l'entouraient.

Mais tous ces manants, — fils de pairs de France, — gentlemen-riders, boursicotiers et calicots, — se gaudissaient à miracle, riaient et applaudissaient que c'était un plaisir.

Soudain un jeune homme qui depuis un instant observait ce qui se passait, fendit le groupe compacte, s'approcha de Marie et lui dit :

— Voulez-vous, madame, me faire l'honneur d'accepter mon bras et me permettre de vous conduire hors d'ici, où vous n'êtes pas à votre place ?

Ces paroles furent prononcées d'une façon si convenable et avec un si parfait accent de bonne compagnie que madame de Lagarde, comprenant qu'elle avait affaire à un homme du monde, n'hésita pas une seconde à s'appuyer sur le bras qu'il lui tendait.

Le courtier-marron, qui par le fait se trouvait jouer un fort sot personnage, sembla d'abord prendre mal la chose.

Il froissa belliqueusement ses moustaches rousses et dit d'une voix provocante en se posant, l'œil en feu et le poing sur la hanche :

— Ah çà ! monsieur...

Le jeune homme qui s'éloignait avec Marie se retourna à demi et interrompit son interlocuteur en lui disant avec un accent interrogatif :

— Monsieur ?

Mais ce seul mot fut accompagné d'un regard si fort, si calme, et tout à la fois si impérieux, que l'infortuné séducteur pirouetta sur les talons et se perdit dans la foule en maugréant.

Nous avons dit que Marie avait pris tout d'abord, et machinalement, le bras que lui offrait son protecteur.

Mais bientôt, levant les yeux sur lui, elle tressaillit involontairement, et le jeune homme sentit le bras de sa compagne trembler tout à coup sur le sien.

Ce jeune homme pouvait avoir vingt-six ou vingt-huit ans. Sa taille était un peu au-dessus de la moyenne.

Ses traits bruns et accentués ne manquaient ni de régularité ni de distinction.

Ses grands yeux noirs, fiers et doux, exprimaient au plus haut point l'intelligence et l'audace.

Ses cheveux coupés très-court, — sa moustache longue, et surtout la rosette d'officier de la Légion d'honneur qui s'épanouissait à sa boutonnière lui donnaient le cachet militaire.

Il se fraya un passage jusqu'à l'une des issues du foyer.

Là, et parvenu dans le couloir qui sert pour ainsi dire d'antichambre aux loges de la galerie, il s'arrêta et demanda à Marie, d'un air et d'un ton aussi respectueux que s'il s'était adressé à une duchesse dans son salon :

— Où devrai-je avoir l'honneur de vous conduire, madame?

Marie ne répondit pas d'abord.

Elle semblait singulièrement émue et son bras s'appuyait toujours plus fortement sur celui de son guide.

Ce dernier répéta sa question.

Alors Marie répondit, mais très-bas, et comme si elle avait cherché à déguiser le son de sa voix :

— Voulez-vous avoir la bonté, monsieur, de me faire avancer une voiture?...

Ce fut au tour du jeune homme à tressaillir.

On eût dit que la voix qu'il venait d'entendre, quoique isée par le masque et par l'émotion, lui remuait le cœur.

Il baissa vivement les yeux sur la jeune femme.

Leurs regards se rencontrèrent.

Il lui sembla sentir un rayon de flamme le pénétrer tout entier. Pendant un instant, il demeura immobile et pensif.

— C'est impossible! murmura-t-il enfin tout bas et comme en se parlant à lui-même, — impossible... impossible...

— J'attends... — fit Marie d'une voix de plus en plus indistincte.

Le jeune homme sembla sortir d'un rêve.

— Pardon, — madame, — dit-il, — oh! pardon! c'est que votre voix, voyez-vous, m'a rappelé... je crois qu'il m'a semblé... Mais c'était une erreur... une illusion...

— Il est bien tard, monsieur, — dit Marie, — et je voudrais partir.

Ces derniers mots furent prononcés d'une façon à peu près inintelligible.

— Cependant... — murmura le jeune homme, — une pareille ressemblance! — Si c'était... si c'était...

Il attacha de nouveau son regard sur le regard de Marie; il sembla chercher à deviner sous le masque les lignes du visage, et il s'écria tout d'un coup, après quelques secondes d'examen :

— C'est elle! c'est bien elle! Mademoiselle de Vandenesse, c'est vous! Oh! n'est-ce pas que c'est vous, Marie?...

— Plus bas! répondit la jeune femme avec effroi; — plus bas, au nom du ciel! on pourrait vous entendre.

— C'est donc vous? c'est bien vous?...

— Oui... oui... c'est moi, c'est bien moi... Mais, de grâce, Paul... monsieur Paul, une voiture... il faut que je parte, que je parte à l'instant même...

— Mais au moins, mademoiselle, expliquez-moi comment il se fait que je vous rencontre à Paris, et..... ici.....

— Je ne puis rien vous dire, rien vous expliquer...

— Cependant...

Marie interrompit son interlocuteur.

— Une voiture, — murmura-t-elle, — une voiture, je vous en supplie!... Allez donc! allez vite... Je vous attends ici, en haut de l'escalier.

L'agitation de la jeune femme était effrayante.

Celui qu'elle venait de nommer Paul obéit à ses injonctions répétées et descendit pour aller chercher une voiture.

Si, pendant son absence, on avait pu soulever le masque de Marie, on aurait vu que son visage était aussi pâle que celui d'une statue de marbre blanc.

Le jeune homme revint au bout de deux ou trois minutes.

— La voiture que vous avez demandée est en bas, mademoiselle, — dit-il. — Je vais avoir l'honneur de vous conduire jusqu'à elle.

— Merci, monsieur Paul, — répondit Marie. — J'irai seule.

Et elle fit quelques pas pour s'éloigner.

Paul la retint en lui touchant légèrement le bras.

— Avant de me quitter, écoutez-moi du moins, — murmura-t-il.

Marie fit un mouvement.

— Oh! — se hâta d'ajouter le jeune homme, — n'ayez pas peur, ce ne sera pas long!

— Mon Dieu! mon Dieu! — s'écria Marie, — que voulez-vous me dire?...

— Je veux vous dire, Marie, que vous n'avez pas, que vous ne pouvez pas avoir oublié tout à fait le passé...

« Vous saviez autrefois combien mon amour pour vous était de l'adoration...

« Vous saviez qu'aucune parole humaine n'exprimera jamais dignement la manière dont je vous aimais.

« Vous m'aimiez aussi, vous..... oui, vous m'aimiez, Marie! et, dans nos rêves de jeunesse nous voyions s'entr'ouvrir devant nous un immense horizon d'amour et de bonheur... »

Tandis que Paul parlait ainsi, avec une éloquence passionnée, de grosses larmes coulaient lentement et une à une sous le velours du masque de Marie.

Le jeune homme reprit :

— Nous rêvions tout cela, Marie; mais, hélas! la volonté de votre père est venue briser nos rêves...

« J'étais sous-lieutenant, — j'étais presque pauvre, — il me défendit de penser à vous...

« Je partis pour l'Afrique... Je voulais mourir... Je courais au-devant des balles et des yatagans...

« La mort ne voulut pas de moi, et je me plaignais en vain de ce constant bonheur!

« Je me suis distingué, dit-on, dans quelques expéditions hasardeuses, où mon désespoir, bien plus que mon courage, me fit tenter des choses qui semblaient impossibles...

« Je n'ai pas vingt-huit ans et je suis capitaine, et je suis officier de la Légion d'honneur...

« Je vous aime toujours... — Vous, Marie, m'aimez-vous encore?... — Puis-je me présenter demain chez monsieur votre père et lui répéter tout ce que je viens de vous dire aujourd'hui?... »

Paul se tut, et il attendit, la tête en feu et le cœur palpitant.

Marie porta vivement la main à son visage et appuya sur sa bouche son mouchoir de dentelle, comme pour étouffer un cri ou un sanglot. Mais elle ne répondit pas.

— Ne me direz-vous donc rien, Marie? — demanda le jeune homme.

— Croyez-moi, monsieur Paul, — murmura enfin madame de Lagarde en tendant la main à son ancien amant, — nous ne devons plus nous revoir... oh! non!... jamais!... jamais!...

Et, descendant rapidement l'escalier, elle disparut à ses yeux.

—

C'était une bien simple et bien touchante histoire que celle des amours de Paul et de Marie.

Nous allons la raconter en quelques lignes.

Sous le beau ciel de la Provence s'élevait une charmante villa, gracieuse et poétique demeure, toute blanche et toute coquette avec sa terrasse italienne.

Dans son vaste et frais jardin, les Vénus et les Faunes mythologiques se cachaient à demi dans les angles des bosquets d'orangers et de lauriers-roses, pauvres dieux en exil, heureux de rencontrer dans une autre patrie un ciel presque aussi pur que celui de l'Attique.

De toutes parts l'eau jaillissait des bassins en cascatelles écumeuses, et fécondait les gazons veloutés dont elle avivait la verdure éblouissante. Un grand parc servait de jardin, et l'ombre de ses arbres séculaires protégeait l'habitation contre les trop fortes chaleurs des jours caniculaires.

C'est là que s'était écoulée l'enfance de Marie de Lagarde; car cette villa appartenait à son père, M. de Vandenesse.

A un quart de lieue, tout au plus, de la demeure élégante et riche s'élevait une maison de plus humble apparence, habitée par la veuve d'un gentilhomme, la comtesse de Meynard et son fils.

Cette maison, jolie et bien tenue d'ailleurs, était tout simplement ce qu'on appelle en Angleterre une ferme ornée.

La différence que l'on remarquait entre les deux habitations voisines se retrouvait dans les fortunes de leurs propriétaires; M. de Vandenesse avait vingt-cinq mille livres de rente; la comtesse de Meynard ne jouissait que d'une modeste aisance.

M. de Vandenesse avait une fille unique.

Paul, l'unique enfant de madame de Meynard, était de cinq ou six ans plus âgé que Marie.

Une étroite intimité unissait les deux familles.

Les parents se voyaient tous les jours.

Les enfants ne se quittaient guère.

Peu à peu il arriva ce que les parents auraient dû prévoir si l'expérience du monde ne leur avait manqué d'une façon presque complète ; à mesure que Paul et Marie grandissaient, l'affection qu'ils avaient l'un pour l'autre changeait de nature ; avec l'âge, l'amitié fraternelle prenait le caractère d'un très-vif amour.

Madame de Meynard fut la première qui s'en aperçut.

Elle voulut éloigner son fils. Il était déjà trop tard.

Elle confia tout à M. de Vandenesse.

Ce dernier avait pour sa fille de brillants projets d'alliance que sa fortune et la beauté de Marie rendaient parfaitement réalisables. Il fit entendre à madame de Meynard qu'une union entre Paul et Marie était un rêve impossible.

Paul ne se désespéra point, — il se jura de faire revenir M. de Vandenesse sur sa résolution, — il se jura de se faire en peu de temps une position brillante.

Il partit pour Paris, — travailla, — passa de brillants examens, et entra à l'école militaire.

Quand sa mère mourut, il avait vingt-deux ans et il était sous-lieutenant.

Il revint en Provence et fit une démarche officielle auprès de M. de Vandenesse pour lui demander la main de sa fille.

Cette demande fut repoussée, et repoussée de manière à ne lui laisser aucun espoir.

Alors il s'arma de courage et prit un grand parti.

Il vendit, pour le prix qu'on voulut bien lui en donner, le peu de propriétés que sa mère possédait en Provence, et il résolut de ne jamais remettre les pieds sur cette terre maudite où il laissait son cœur.

L'Afrique offrait une brillante perspective de gloire et de dangers.

D'ailleurs, comme nous le lui avons entendu dire à lui-même, Paul désirait mourir. Il partit donc pour l'Afrique. Il y passa plusieurs années, sans conserver de relations avec la France.

Pendant ce temps il n'entendit jamais, même d'une façon vague et indirecte, parler des Vandenesse.

A mainte reprise il fit des prodiges de valeur.

Plus d'une fois il se signala par des actes d'une audace et d'une témérité inouïes. Son nom brilla souvent en tête des ordres du jour les plus héroïques, et son avancement fut rapide.

Au bout d'un peu plus de cinq ans il revint à Paris, capitaine, nous le savons, et officier de la Légion d'honneur.

Pendant sa longue absence, Marie s'était mariée.

Cédant aux pressantes sollicitations de son père, la pauvre enfant avait épousé le marquis de Lagarde, honnête homme, riche et bon gentilhomme, mais plus âgé de quelque vingt ans. Nous savons déjà comment et dans quelles circonstances les deux jeunes gens s'étaient retrouvés.

III. — LE MARQUIS DE LAGARDE.

Quand, après avoir murmuré :

— *Nous ne devons plus nous revoir !!!* — Marie de Lagarde disparut aux yeux de Paul, quelque chose d'étrange et de terrible comme un mauvais rêve se passa dans l'esprit du jeune homme.

Il l'avait revue, — celle qu'il avait tant aimée !!! Elle lui était apparue, semblable à une vision dans un sommeil troublé... Oh ! c'était bien une vision !

Marie ! la pure et chaste Marie au milieu de cette immense orgie, au milieu de cette saturnale qu'on appelle le bal de l'Opéra ! Marie seule et comme abandonnée ! Marie le quittant brusquement et lui jetant au départ un éternel *adieu !*

C'était, vraiment, c'était à n'y pas croire !

Était-ce bien elle ?

Il en doutait presque.

Se serait-il laissé abuser par une bizarre et fortuite ressemblance de voix et de tournure ?

Mais, son nom prononcé par la jeune femme, — si ce n'était Marie, — qui donc aurait pu le savoir ?

Paul, alors, se perdait dans l'océan des vaines conjectures. Il nageait en désespéré parmi les vagues amères du doute et de l'incertitude. Il cherchait... et plus il cherchait, plus il s'éloignait de la vérité.

Il souffrait amèrement du reste, et ceux-là comprendront sa souffrance qui, après un long et douloureux amour, au moment où le cœur meurtri commence à saigner moins fort et à fermer ses cicatrices, revoient à l'improviste celle qu'ils ont aimée et sentent se réveiller à la fois leur flamme et leur torture.

Marie, en arrivant à l'hôtel, trouva madame de Cerny horriblement inquiète.

Elle venait de rentrer à l'instant, et son mari, qui l'avait ramenée, était en toute hâte retourné à l'Opéra pour y chercher la jeune femme égarée.

Marie était très-pâle, — très-émue, — et pouvait à peine se soutenir et parler.

Henriette attribua cette pâleur et cette émotion au trouble bien naturel que son isolement involontaire avait dû lui causer. Elle interrogea son amie, qui lui répondit qu'elle avait été insultée dans la foule, qu'un inconnu avait généreusement pris sa défense, et que, sur sa demande, ce même inconnu était allé lui chercher une voiture.

C'était, comme on le voit, toute la vérité, à un détail près.

Mais ce détail était important.

M. de Cerny rentra au bout d'une heure, et tout le monde alla se coucher.

Nous prenons sur nous d'affirmer que Marie ne dormit point cette nuit-là.

—

Pendant quelques jours, Henriette, rieuse et folle comme nous savons, voulut plaisanter sur les aventures de ce bal malencontreux.

Mais comme à chaque allusion madame de Lagarde pâlissait de nouveau et paraissait souffrir, il n'en fut bientôt plus question.

La semaine suivante, le marquis de Lagarde arriva à Paris.

Il trouva sa femme un peu changée ; et, avec cet esprit d'à-propos qui caractérise les maris, il lui reprocha en riant d'avoir trop abusé des plaisirs du carnaval.

Marie se laissa dire.

La première pensée de Paul, après les incidents que nous avons racontés dans les pages précédentes, avait été de remuer ciel et terre pour savoir ce que mademoiselle de Vandenesse était devenue depuis leur séparation, et pour la retrouver.

Mais, en réfléchissant mieux, il s'était dit :

— A quoi bon ? — si c'est bien elle (et je n'en puis douter) que j'ai rencontrée au bal de l'Opéra, n'a-t-elle pas été sans pitié ? — Ne m'a-t-elle pas crié froidement que je ne devais plus la revoir. — Son cœur est changé sans doute — sans doute elle ne m'aime plus, ou bien des circonstances nouvelles s'opposent à notre union. Dans tous les cas, la chercher maintenant, la retrouver, la revoir, c'est aller au-devant de nouvelles douleurs, de chagrins sans cesse renaissants, — il vaut mieux tâcher d'oublier !

Paul de Meynard avait une tête ardente et peut-être trop exaltée, mais son cœur était hautement placé, capable de toutes les générosités, de tous les dévouements...

Et le dévouement est, je crois, la plus belle des vertus, filles du ciel, qui fleurissent sur la terre.

Paul n'avait jamais *vécu*, dans l'acception que le langage du monde attache à ce mot. Marie de Vandenesse était la première, la seule femme qu'il eût aimée. Il ignorait absolument cette vie de faciles amours qui remplit quelques années de toute jeunesse, les plus belles, les plus fraîches, et qui fait douter bien souvent de la réalité de l'amour pur et vrai, comme à la longue le sophisme fait les sceptiques.

Il avait conservé ces douces et saintes croyances du cœur que presque toujours aujourd'hui l'on perd avant vingt ans.

Ces poétiques illusions qui nous montrent notre avenir enchaîné à quelque vie de femme n'avaient pas encore fui de son âme.

Il regardait donc, de la meilleure foi du monde, son existence comme brisée par son inutile amour.

Il souffrait. Il se le disait surtout, car on met involontairement et à son insu une sorte de gloire à aimer d'une façon tout à la fois grande et dévouée.

Que de gens — et des heureux du monde — se décernent complaisamment à eux-mêmes la palme du sacrifice et du dévouement !

—

Quinze jours environ après la nuit du bal de l'Opéra, Paul se promenait sur le boulevard Montmartre.

Il allait lentement, les yeux baissés, perdu dans ses réflexions et dans ses souvenirs, coudoyé par les promeneurs sans qu'il s'en aperçût, tant sa distraction était grande.

Il tressaillit soudain.

Une main, en se posant à l'improviste sur son épaule, venait de l'arracher à ses rêveries.

Il se retourna et vit à côté de lui un homme de quarante-cinq à quarante-six ans, de haute taille et de tournure militaire, étroitement serré dans une redingote bleue boutonnée jusqu'au cou et ornée, comme celle de Paul, de la rosette d'officier.

Ce personnage lui tendit la main en s'écriant :

— Ah ! sacredieu ! mon cher Meynard, je suis bien aise de vous voir.

— Monsieur de Lagarde ! — mon ancien colonel ! — répondit Paul avec une joyeuse surprise en serrant affectueusement la main qu'on lui tendait.

— Ma foi, oui, moi-même, toujours robuste et toujours bien portant, comme vous voyez, quoique un peu vieilli.

— Est-ce que vous habitez Paris, colonel ?

— Non, — depuis que j'ai quitté le service je me suis fixé dans mes terres, — je ne viens à Paris qu'en passant. — Et vous ?

— Moi, je suis en congé de semestre.

— De par tous les diables je ne m'attendais guère à vous rencontrer ici ! — Venez donc avec moi prendre de l'absinthe à Tortoni, nous causerons.

Paul suivit le marquis.

— Voyons, demanda ce dernier tout en dégustant un mélange habilement combiné d'eau glacée et d'absinthe verte, — voyons, mon cher, qu'êtes-vous devenu depuis que j'ai quitté ce beau régiment de spahis dont j'étais si fier à bon droit ?...

— Je suis resté en Afrique.

— Où, sans nul doute, vous avez continué à vous distinguer comme par le passé ; vous aviez à cet égard des habitudes fort enracinées...

— J'ai fait ce que j'ai pu, colonel.

— Et vous êtes maintenant capitaine, j'imagine.

— Oui, colonel.

— A votre âge, c'est beau. — La carrière ouverte devant vous est brillante, votre avenir est magnifique...

Le marquis s'interrompit pendant une seconde.

Il regarda Paul avec attention, puis il ajouta :

— Ah çà ! mais, mon cher ami, je ne me trompe pas, vous êtes pâle, sombre, préoccupé, — vous avez un chagrin quelconque...

— Mais, non, colonel, mais non, je vous assure, — répliqua Paul en souriant d'un sourire un peu forcé.

— Huist ! — s'écria M. de Lagarde, — on ne m'en conte point à moi, je connais le monde, voyez-vous ! Ce n'est pas que je vous demande vos secrets, mais vous me permettrez de vous rappeler que de tous les officiers de mon régiment, vous étiez celui pour lequel je témoignais le plus d'attachement ; c'est donc à titre de vieil ami que je viens vous demander si je puis vous être bon ou utile à quelque chose... Le cas échéant, disposez absolument de moi...

— Je suis profondément touché de votre bonté, colonel, — répondit Paul avec une véritable émotion, — mais je vous assure que vos conjectures portent à faux, je n'ai ni chagrins ni soucis, d'aucune sorte...

— Soit, n'en parlons plus, et cependant...

— Cependant, colonel...

— Je parierais que je devine ce qui vous tracasse...

— Ah ! par exemple !

— Voulez-vous que je vous le dise ?

— J'avoue que je serais curieux...

— Eh bien ! vous êtes amoureux.

— Amoureux ! moi ! — dit vivement Paul.

— Oui, amoureux, vous ! et, tenez, voilà que vous rougissez comme une jeune fille ! Il n'y a vraiment pas de quoi, mon cher.

— Eh bien ! oui, colonel, — murmura M. de Meynard, cédant enfin à un besoin d'expansion très-naturel dans sa position, — j'aime et je suis malheureux !

— Et pourquoi donc cela, sacredieu ! — Est-ce qu'on aurait, par hasard, le mauvais goût de ne pas vous aimer ?...

— On m'a aimé, colonel, — du moins je le crois, — mais on ne m'aime plus !

— Ta ! ta ! ta ! — bouderies, enfantillages de jeunes gens ! — ça reviendra, mon ami, ça reviendra, — vous serez chéri, adoré, idolâtré plus que jamais, c'est moi qui vous le dis, et vous pouvez me croire, je connais le monde, — les femmes surtout, — oh ! les femmes, je les connais comme si je les avais faites !... A propos, je suis marié.

— Depuis longtemps, colonel ?

— Depuis deux ans.

— Et madame de Lagarde est-elle à Paris dans ce moment ?

— Oui. — Je vous présenterai à elle, — une femme charmante et qui vous plaira beaucoup, — vingt-deux ans, — des cheveux magnifiques, — des yeux noirs grands comme ça, et si douce, si bonne, si dévouée, un amour pour la beauté, un ange pour la vertu et le caractère ! — J'ai trouvé la pie au nid, mon cher Paul, c'est le mot.

— Recevez-en toutes mes félicitations, colonel.

— C'est une femme comme ça qu'il vous faut, et nous vous la chercherons, madame de Lagarde et moi, quand vous en aurez fini avec les amours malheureuses qui vous tracassent dans ce moment-ci.

Paul s'inclina sans répondre.

M. de Lagarde tira sa montre.

— Diable ! déjà cinq heures et demie ! fit-il, — il faut que je vous quitte... — Nous dînerons ensemble demain...

— Mais, colonel...

— Oh ! pas de réplique, j'y tiens d'une façon absolue. — Nous dînerons avec madame de Lagarde, — et comme ma femme n'a pas de maison à Paris et demeure chez l'appartement qu'une de ses amies a bien voulu mettre à notre disposition, je vous invite au cabaret. — Demain, à six heures précises, aux Frères-Provençaux. — C'est entendu, n'est-ce pas ?

— Oui, colonel, puisque vous avez la bonté d'insister.

— Soyez exact ; vous verrez ma femme, et, je vous le répète, vous serez enchanté.

IV. — CE QU'UN MARI VEUT, DIEU LE VEUT.

Le lendemain, à l'heure convenue, Paul arrivait aux Frères-Provençaux, où M. et madame de Lagarde l'avaient devancé.

On le conduisit au cabinet retenu par le marquis.

Au moment où il entra, Marie venait de quitter son châle et son chapeau, et, le dos tourné à la porte, elle arrangeait devant une glace les longues boucles de ses cheveux.

Elle se retourna au bruit.

Paul, en la voyant, fut au moment de jeter un cri.

Cependant il se contint.

Mais il devint d'une pâleur livide, tandis qu'une ardente rougeur envahissait les joues de la jeune femme.

Naturellement M. de Lagarde ne s'aperçut de rien.

Il présenta les deux jeunes gens l'un à l'autre.

Marie et Paul se saluèrent avec une politesse froide et n'eurent point l'air de se connaître le moins du monde.

A partir de ce moment ils étaient déjà coupables, — ils étaient déjà complices, — ils avaient un secret commun.

— Ma chère amie, — dit M. de Lagarde à sa femme après que les premières formules de conversation, formules banales et insignifiantes, eurent été échangées, — tu vois ce pauvre garçon, — il a l'air tout triste et tout rêveur, — tu ne sais pas pourquoi, n'est-ce pas ?...

— Non... en vérité... — murmura la jeune femme.

— Tu ne le devines point ?

Marie, dont l'émotion redoublait, balbutia quelques paroles indistinctes, mais évidemment négatives.

— Eh bien ! je vais te le dire, — poursuivit M. de Lagarde, — et, en ta qualité de femme, la cause de ses chagrins ne peut t'intéresser vivement. — Paul est amoureux... Je l'ai confessé hier, et il me l'a avoué ; mais je me suis promis de le guérir, et comme aux peines d'amour il n'y a, selon moi, qu'un seul véritable remède, le mariage, nous allons, toi et moi, nous occuper de lui chercher une femme... Celle qu'il aime est probablement une coquette sans cœur et sans âme, car, pour ne pas adorer ce brave Paul, il faut n'avoir ni l'un ni l'autre. — Nous lui trouverons une belle et bonne jeune fille qui vaudra cent fois mieux et qui lui apportera une fort jolie dot, ce qui ne gâte jamais rien !

On devine sans peine quelle devait être la contenance et l'embarras de Paul et de Marie pendant le discours de M. de Lagarde ; mais ce dernier était tellement enchanté de son idée qu'il ne faisait aucune attention au malaise, cependant très-visible, de sa femme et de son ami, et que, pendant tout le repas, — qui fut long, — il revint à cent reprises différentes sur ce projet d'union qu'il caressait avec un singulier plaisir.

— La femme de Paul sera riche, — disait-il avec assurance, comme s'il eût été question d'un fait près de s'accomplir, — Paul quittera le service, il achètera une propriété tout auprès de nos terres de Picardie (justement j'en connais une à vendre, charmante et presque pour rien); nous nous verrons chaque jour, nous chasserons ensemble, nous parlerons de nos campagnes en Algérie et de nos anciens camarades de régiment; nos enfants seront élevés ensemble, et, dans une vingtaine d'années, notre fils épousera sa fille, car nous aurons un fils, — un beau gros garçon joufflu et bien portant, n'est-ce pas, Marie?...

Et le marquis, animé par les nombreuses rasades et surtout par la vivacité avec laquelle il pérorait, appuya deux énormes baisers sur les joues de sa femme, qui devint affreusement pâle, tandis que les yeux de Paul s'injectaient de sang.

Enfin le dîner s'acheva,—le long martyre des deux jeunes gens eut un terme, et Paul se trouva libre enfin, après que M. de Lagarde eut obtenu de lui la promesse positive qu'il viendrait les voir le lendemain, et le surlendemain, et tous les jours.

Paul, resté seul, put enfin réfléchir à sa position.

Il aimait Marie plus que jamais.

Marie, de son côté, — il n'en pouvait douter, — l'aimait comme autrefois.

Il la retrouvait; mais mariée, — mariée à un ancien ami, — et cet ami, aveugle et confiant, lui ouvrait à deux battants les portes de sa maison.

— Je ne la reverrai plus! — Je ne peux plus, — je ne veux plus la revoir! — se dit Paul dans un beau mouvement de générosité chevaleresque; — trahir la sincère et loyale amitié de M. de Lagarde serait l'acte d'un lâche et d'un homme sans cœur.

« Je vais partir! Je vais m'éloigner pour toujours! »

Mais, hélas! cette résolution était trop belle pour être bien solide; au bout d'un instant, Paul trouva dans son esprit et dans son cœur des arguments pour la combattre.

— Pourquoi partir? — se dit-il — (agissant à peu près comme un homme qui, voulant se tuer et sentant le cœur lui manquer au moment fatal, se dit que le suicide est une lâcheté et qu'il y a plus de courage à vivre) ;—pourquoi partir?

« J'ai donc bien peu de force d'âme et d'empire sur moi-même, que je ne puis, sans trahir mon ami, revoir encore une femme que j'aime... que j'aime en silence, d'un amour respectueux et chaste?

Pourquoi me priver de cet innocent, de ce dernier bonheur? »

. . . .

Et, dès le lendemain, il était chez M. de Lagarde.

Le marquis de Lagarde nous paraît le type de ce que devait être, sous le règne de Louis XIV, le gentilhomme de province.

Sa stature était haute, — sa poitrine large, — sa tête belle et fière.ment caractérisée, mais manquant peut-être un peu de cette expression qui est le rayonnement de l'intelligence.

Jeune encore, il avait hésité entre diverses carrières et s'était décidé tout à coup pour l'état militaire, dont il s'était de même un beau jour brusquement dégoûté, et il avait alors renoncé à toute occupation active pour mener la vie de château.

Possesseur en Picardie d'une magnifique habitation, il tenait table ouverte, recevait chez lui toute la noblesse de la province et faisait les honneurs de sa maison avec une urbanité parfaite et que l'on citait.

Il était grand écuyer, — grand chasseur, — grand buveur.

Son caractère était franc et loyal, mais point disposé à l'enthousiasme et au romanesque.

Il aimait la campagne, exclusivement et par-dessus tout. Là, entouré de ses chiens, de ses chevaux et de ses piqueurs, — au milieu de ses gens et de ses fermiers, qu'il considérait un peu comme ses vassaux, et de ses hôtes, qu'il traitait magnifiquement, il se montrait grand seigneur tout à son aise et menait une vie paisible et luxueuse, pleine de ce bonheur matériel qu'il mettait au-dessus de tous les autres.

Cependant, depuis deux ans qu'il était marié, il avait été forcé de renoncer à quelques-unes de ses habitudes et de quitter parfois ses terres pour venir à Paris.

Il détestait cordialement le monde.

Mais comme sa femme ne pouvait passer l'hiver à la campagne, il l'accompagnait et l'installait dans un appartement que son amie d'enfance, Henriette de Corny, mettait à sa disposition dans son hôtel.

Puis, prétextant quelques affaires très-importantes, il regagnait précipitamment la Picardie où l'appelaient en réalité de magnifiques battues au loup et de grandes chasses au renard.

Et enfin il revenait à Paris quelques semaines avant l'é-poque fixée pour le retour de Marie au château de Lagarde.

Voilà le marquis au moral et au physique.

Maintenant, cher lecteur, vous le connaissez aussi bien que nous.

—

— De par tous les diables! c'est un aimable et charmant garçon que Paul de Meynard — disait M. de Lagarde à Marie, le soir même du dîner auquel nous avons assisté; — oui, un charmant garçon, quoique un peu triste dans ce moment, mais ça passera, — ça passera même très-vite! — Huist!! chagrins d'amour! — peines de cœur! — bah! je connais le monde! bagatelles que tout cela! — Quoique nous nous soyons perdus de vue depuis plusieurs années, je suis enchanté de l'avoir retrouvé, —j'ai une sympathie étonnante pour ce gaillard-là! je lui suis dévoué corps et âme. — Sois gracieuse avec lui, Marie, — très-gracieuse, afin de lui donner l'envie de nous voir souvent... — Je t'ai trouvée un peu froide ce soir... Du reste, je le comprends, un visage nouveau, bronzé par le soleil africain, et avec de grandes moustaches, ça intimide toujours un peu les femmes; mais, à l'avenir, tu l'accueilleras bien, n'est-ce pas? — Tu me le promets, hein, Marie?

— Oui, mon ami... oui, sans doute...—murmura la jeune femme.

— A la bonne heure! poursuivit le marquis avec son tact habituel, — c'est que, vois-tu, j'ai remarqué que les amis du mari n'étaient presque jamais les amis de la femme...— Je connais le monde! huist!

Le lendemain, nous l'avons dit, Paul alla chez Marie.

Il y retourna le surlendemain, puis chaque jour, et chaque jour il s'enivrait davantage du doux son de la voix de la jeune femme, du magique éclat de son regard, du charme de son esprit, de tous les parfums de sa jeunesse et de sa beauté.

Marie, elle aussi, se faisait de la présence de Paul une douce et dangereuse habitude.

Elle aimait à le voir, — elle aimait à l'entendre.

Elle écoutait avec une attention ardente, pleine d'amour et d'anxiété, les récits dramatiques de la vie du jeune officier en Afrique.

Elle frémissait au souvenir des dangers qu'il avait courus.

Elle palpitait à la pensée de cette mort, vainement mais héroïquement cherchée.

Et sans le vouloir, sans le savoir peut-être, elle sous-entendait toujours que tout cela il l'avait fait pour elle.

Cette intimité dura trois semaines, qui semblèrent aux deux amants s'être écoulées avec la rapidité d'une heure.

Enfin, un matin, M. de Lagarde dit à Paul, en présence de Marie:

— Nous partons demain, cher ami, — nous retournons en Picardie. — Vous restez sans doute à Paris pendant quelque temps encore, — mais je désire et au besoin j'exige, — vous entendez bien, j'exige — que vous nous consacriez au moins un mois avant l'expiration de votre semestre.

— Mais... — voulut dire Paul.

— Chut! — interrompit le marquis, — un refus ne serait point admis. — Peut-être avez-vous peur de trouver le temps monotone chez nous; — erreur, cher ami, nous vous divertirons de notre mieux, — nous avons des voisins charmants, — j'ai des bassets qui viennent d'Angleterre et qui font des miracles, — j'ai des chevaux de chasse qui se sont distingués à Empson et à New-Market, — j'ai du laffite retour de l'Inde, — du chambertin de l'année de la comète, — du houzy œil de perdrix, comme il n'y en a pas au monde, — enfin je possède une cuisinière qui sort de la maison d'un ministre très-fin gourmet... — Vous voyez qu'il y a moyen de vivre chez moi.

Paul sentait que s'il acceptait il était perdu.

La loyauté l'emporta sur l'amour.

Il répondit que, selon toute apparence et à son grand regret, il lui serait impossible de faire la visite qu'on attendait de lui.

— Huist! voilà qui va mal! — s'écria M. de Lagarde; — mais il faut que vous veniez, et vous viendrez, ou, mordieu! j'y perdrai mon nom...

Puis il ajouta en se tournant vers sa femme:

— Allons, Marie, de par tous les diables, unis-toi donc à moi pour obtenir de Paul ce que je lui demande!

Marie était assise dans l'embrasure de l'une des fenêtres du salon. Elle travaillait à un ouvrage de tapisserie. Mais nous prenons sur nous d'affirmer qu'elle embrouillait de la façon la plus triomphante, non-seulement les nuances qui devaient figurer sur le canevas une couronne de fleurs brillantes, mais encore les écheveaux de laine et de soie.

Marie, ainsi interpellée par son mari, leva sur Paul ses grands yeux remplis d'une adorable expression de tendresse et dit :

— Je joins ma prière à celle de M. de Lagarde, et je serais heureuse si elle avait assez d'influence sur vous pour vous décider...

Il était impossible de résister à cette voix ardente et douce, quoique contenue.

— Je cède à vos gracieuses instances, — répondit Paul en s'inclinant, — j'irai passer quelques jours au château de Lagarde.

Mais tout bas il ajouta :

— Oh ! non ! non ! — je n'irai pas ! je sens que j'aime trop cette femme !

V. — AMOUR ! AMOUR ! QUAND TU NOUS TIENS...

Quand Marie eut quitté Paris, Paul comprit mieux encore qu'en sa présence toute la violence de l'amour qu'il ressentait pour elle.

Il éprouva, sans trêve et sans relâche, cette impression douloureuse qui se traduit par une inquiétude morale continuelle, par un étrange accablement de l'intelligence, par une soif d'isolement, et parfois aussi par un désir momentané de trouver l'oubli parmi les joies bruyantes et les distractions fiévreuses.

Mais Paul avait beau chercher la distraction et l'oubli.

Partout où il allait, sa pensée, absorbée par un seul objet, créait autour de lui, si je puis ainsi parler, le désert et le silence.

Pour la première fois de sa vie il essaya des amours profanes, pour la première fois de sa vie il acheta la volupté.

Mais il ne trouva qu'amertume sur les lèvres des courtisanes, — leurs caresses le révoltèrent. Il sortit de leurs bras avec la honte et le dégoût au cœur.

Aussi, un beau soir, — presque sans savoir comment, car ce n'était point l'effet d'une décision arrêtée et réfléchie — il se trouva dans la malle-poste qui l'entraînait rapidement sur la route de Picardie.

Le château de Lagarde, situé à dix minutes de la route de Paris à***, était une habitation moderne, dans ce sens qu'il avait été entièrement rebâti en 1846 par le père du marquis actuel.

Des constructions anciennes du vieux manoir on n'avait laissé point subsister qu'un seul fragment qui aidait au pittoresque du paysage.

Ce fragment consistait en une tour ronde et crénelée, haute de trois étages, et depuis la plate-forme de laquelle on découvrait tout le pays à sept ou huit lieues à la ronde.

Cette tour s'enchâssait par la base dans l'angle externe de l'un des corps de logis de l'habitation nouvelle.

Un immense parc, dessiné à l'anglaise, entourait le château qui se trouvait parfaitement isolé des écuries, des remises, de chenils et de la faisanderie.

Le rez-de-chaussée était en grande partie consacré aux appartements de réception, salons, — salle à manger, — salle de billard.

M. de Lagarde occupait l'aile droite.

Marie avait la jouissance de l'aile gauche.

Le principal corps de logis contenait les chambres d'amis, — chambres au nombre de vingt-cinq ou trente.

Marie passait une bonne partie de ses journées assise sur une chaise longue, auprès de l'une des fenêtres du salon d'où ses yeux pouvaient se reposer sur des massifs de rosiers en fleurs, sur des pelouses vertes et unies comme du velours, et enfin, un peu plus loin, sur les masses irrégulières et majestueuses de grands chênes et de tilleuls séculaires.

Là, elle travaillait, — elle lisait, — et surtout elle pensait beaucoup.

Une après-midi, la jeune femme était debout, mais à demi penchée auprès de la fenêtre entr'ouverte.

Ses bras s'accoudaient à la balustrade du balcon, et sa tête, un peu pâlie, s'appuyait sur ses mains, tandis que la brise tiède et toute chargée de senteurs végétales, venait doucement caresser son front pensif et ses beaux cheveux.

M. de Lagarde entra dans le salon avec une joyeuse brusquerie qui fit tressaillir la jeune femme.

— Il est arrivé ! — s'écria-t-il ; — il est ici, — il me suit !...

— Qui ? — demanda Marie, dont le cœur battait avec force, car elle avait déjà deviné.

— Lui ! — lui ! pardieu ! — notre ami Paul ! — Qui serait-ce, de par tous les diables ! si ce n'était pas lui !...

En même temps Paul, profondément ému, paraissait à la porte que venait d'ouvrir M. de Lagarde.

Un nuage pourpre monta du cœur de Marie à son front, et, pendant un instant, la naissance de son sein de neige fut d'une teinte aussi rosée que son cou charmant et ses joues veloutées.

M. de Lagarde délirait de joie.

Paul, nous l'avons dit, était un garçon franc et loyal.

Marie était une honnête femme.

Aussi, à peine M. de Meynard était-il installé au château, qu'il se demandait déjà pourquoi il était venu ?

Il avait des regrets, — disons plus — il avait des remords. Ainsi, sa résolution généreuse de ne pas trahir la confiance de son ami aboutissait donc à le ramener chez cet ami !...

Et dans quel but ? Dans le but, involontaire sans doute mais réel pourtant, de nourrir une passion coupable et de la faire partager par celle qui l'avait inspirée.

Il comprenait à merveille que sa conscience ne lui permettait pas de rester.

Mais il était venu...

Et la force lui manquait pour partir.

Quand une fois on est entré dans la voie large des transactions, on n'en sort plus et l'on ne s'arrête jamais.

Dieu n'a pas donné à l'homme une force suffisante pour dire à son propre cœur : Tu n'iras pas plus loin!

Paul transigea de nouveau avec sa conscience.

Il se jura de ne point sortir avec Marie des bornes scrupuleuses d'une réserve fraternelle.

Et, cette fois, il sembla d'abord devoir se tenir parole.

La jeune femme, par une sorte d'accord tacite fait avec son amant, aidait de tout son pouvoir à l'accomplissement de ce beau projet.

Elle évitait avec un soin religieux toute occasion de rapprochement, de solitude à deux et de trop grande intimité.

Pendant deux semaines il en fut ainsi.

Pas une seule fois, entre Paul et Marie, il ne fut question du passé. Jamais une allusion ne fut faite à la rencontre du bal de l'Opéra.

Mais qu'était-ce après tout que cette réserve ?...

Qu'était-ce, sinon une manière éloquente et muette, la plus dangereuse de toutes, de se parler d'amour ?

Souvent, bien souvent, Marie se sentait tout à coup enveloppée dans une brûlante atmosphère d'électricité amoureuse.

Alors elle levait les yeux sur Paul.

Et son regard fasciné rencontrait, ardemment fixé sur elle, le regard du jeune homme, sorte de rayon magnétique qui lui troublait profondément l'âme et les sens, — qui lui rougissait le front, — qui lui faisait battre le cœur.

Les deux amants essayaient de jeter des cendres sur la flamme.

A quoi bon ?... Le feu vivait sous la cendre.

Et le jour approchait où il devait jaillir et dévorer sa proie.

Un soir, c'était après l'une des premières belles et chaudes journées du printemps.

M. de Lagarde était parti à cheval, le matin, de très-bonne heure, pour aller passer la journée à la ville voisine où l'appelaient quelques affaires.

Il ne devait revenir qu'assez avant dans la soirée.

Paul, qui n'avait appris son départ qu'après son départ même, était, à son grand regret, demeuré seul au château avec Marie.

Les deux amants sentaient à merveille tout ce qu'il y avait de faux et d'embarrassant dans leur position.

Aussi leur tête-à-tête, au déjeuner, eut-il quelque chose de contraint et de pénible.

A peine échangèrent-ils quelques paroles insignifiantes et seulement afin de ne pas se singulariser devant les gens de service par un silence obstiné.

Aussitôt après le repas Paul se retira dans sa chambre, tandis que Marie allait s'enfermer dans la sienne.

Là, il se laissa tomber dans un fauteuil, — il cacha dans

ses deux mains sa tête bouleversée, et il fut en proie à un de ces accès de découragement, de sombre tristesse et de combat avec soi-même, à ce cauchemar enfin d'impressions et de sensations diverses, que tout honnête homme éprouverait en une situation pareille, alors qu'un devoir d'honneur, un devoir sacré et une passion ardente, une passion invincible, se disputent la vie !

Continuerait-il à souffrir, — au risque d'en mourir — ou bien succomberait-il enfin, et jetterait-il aux pieds de Marie son amour et son cœur ?

Le délire de l'imagination et des sens triompha d'abord, puis enfin le sentiment du devoir et de la loyauté l'emporta.

Mais la lutte avait été si violente et si terrible que Paul comprit que dans un second combat il serait vaincu à coup sûr et qu'il résolut de partir le lendemain.

Cette résolution prise et bien prise, il se sentit plus calme et plus fort.

L'heure du dîner venue, il descendit, et le tête-à-tête du déjeuner recommença.

Comme le matin, le repas fut silencieux et court.

Aussitôt qu'il fut terminé, les deux jeunes gens se séparèrent.

VI. — DE L'INFLUENCE DE LA LUNE SUR L'AMOUR.

C'était le même soir et trois heures après le dîner.

La nuit était venue — une de ces nuits splendides où la blanche Phébé semble avoir semé sur son manteau d'azur tous les diamants de son écrin.

Les bruits du soir se taisaient.

On n'entendait que le petit cri-monotone et continu du grillon caché sous l'herbe, — le chant amoureux du rossignol qui lançait par intervalles ses roulades harmonieuses, — et, dans le lointain, l'aboiement sourd et voilé d'un chien de berger qui hurlait à la lune.

Les lilas en fleur et les roses du Bengale parfumaient l'atmosphère de leurs émanations excitantes.

Il y avait dans cet air embaumé, dans ce silence de la nature, dans cette lueur si douce qui descendait du ciel transparent, il y avait de l'amour et de la volupté.

Paul venait de quitter sa chambre.

Il se promenait solitairement dans une des allées du parc où un couvert de vieux tilleuls entretenait une obscurité profonde. Il espérait mais vainement, que la brise nocturne rafraîchirait sa tête brûlante.

Tout à coup il lui sembla qu'une forme blanche glissait à pas lents sur le sol et venait à sa rencontre.

Il s'arrêta.

La forme blanche fit quelques pas encore.

Alors Paul reconnut Marie.

La rencontre des deux jeunes gens était fortuite ; — ils se trouvaient en face l'un de l'autre, et, sans une affectation ridicule, il leur était impossible de s'éviter.

Ils se mirent donc à marcher côte à côte; seulement Marie hâta un peu le pas, afin de quitter l'allée obscure et de gagner une autre partie du jardin où les rayons de la lune arrivaient brillants et purs.

Madame de Lagarde était très-émue.

Paul tremblait comme un enfant.

Ni l'un ni l'autre ne parla d'abord.

Tous deux s'absorbaient dans des sensations profondes et indéfinissables. Leur double regard cherchait le ciel.

Marie s'arrêta pour cueillir une touffe de roses.

Paul la regarda faire en silence.

Ce silence était plus significatif que les paroles les plus passionnées, — madame de Lagarde le comprit et chercha la première à le rompre.

Mais dans ces situations embarrassantes il n'est point facile de trouver les paroles dont on aurait besoin.

Un lieu commun s'offrit à l'esprit de Marie, — elle le saisit faute de mieux.

— Quelle soirée magnifique ! — dit-elle.

— Oui, répondit Paul — c'est vraiment une nuit d'Italie !

Il y eut un nouveau silence.

Puis au bout d'une minute, madame de Lagarde reprit :

— Pour bien sentir tout le charme d'une nuit pareille, ne faudrait-il pas être poëte ?...

— On le devient malgré soi-même en face de certains magnifiques spectacles de la nature, — répliqua Paul.

— Mais, vous, monsieur Paul, — poursuivit la jeune femme avec une sorte d'hésitation, — si j'ai bonne mémoire, vous étiez poëte autrefois...

Paul tressaillit.

C'était la première fois que Marie faisait avec lui une allusion au passé.

— Poëte, — répondit-il, — je l'étais comme on l'est toujours sous le beau ciel de notre Provence, qui a enfanté les trouvères, — je l'étais comme on l'est à vingt ans, quand le cœur est rempli d'illusions, d'espérance et...

Il allait ajouter et d'amour !

Mais il s'interrompit et se tut.

— Et, — reprit Marie au bout d'un instant — depuis que vous avez quitté notre pays pour n'y plus revenir, la voix qui chantait en vous est-elle restée muette ?...

— A peu près...

— Pourquoi donc ?

— La douleur avait brisé les cordes de ma pauvre lyre...

Marie baissa les yeux, — sa poitrine se soulevait avec force et son beau sein palpitait sous la mousseline blanche de son peignoir. Mais quelque chose de plus puissant que sa volonté la forçait à suivre jusqu'au bout le chemin dangereux dans lequel elle venait de s'engager.

Elle poursuivit :

— Ainsi, vous n'avez plus chanté ?...

Paul hésita.

Mais, après une seconde de réflexion, il répondit :

— Si — une fois encore — une seule.

— Quand donc ?

— A quoi bon vous le dire ? — à quoi bon me rappeler à moi-même ?...

Ces derniers mots furent prononcés avec exaltation.

Un soupir contenu s'échappa de la poitrine oppressée de Marie.

Paul entendit ce soupir et regarda la jeune femme.

Une larme, — perle liquide et transparente, — roulait sous la paupière de ses grands yeux et se suspendait à ses cils de velours.

Les pâles rayons de la lune tombaient à travers les larges feuilles d'un platane sur son charmant visage, dont cette lumière voilée adoucissait encore les contours fins et gracieux.

Rien n'égalait en ce moment la ravissante beauté de Marie, et, comme la Juana d'Alfred de Musset :

« Sous sa tresse d'ébène, on eût dit, à la voir,
« Une jeune guerrière avec un casque noir ! »

Un feu subtil, une ivresse rapide et irrésistible envahit le cœur et le cerveau de Paul.

— Vous me demandez ce que j'ai chanté, Marie ! s'écria-t-il vivement, — eh bien, écoutez-moi, car je vais vous le dire...

Et d'une voix faible et tremblante d'abord, mais qui devint bientôt vibrante et passionnée, il murmura les strophes suivantes :

L'Opéra flamboyait. — Dans la foule enivrante
Chacun vivait avec ardeur.....
Moi, perdu dans ce bruit comme dans la tourmente,
Seul, j'étais là triste et rêveur.....

Madame de Lagarde cacha à demi son visage dans la touffe de roses qu'elle tenait à la main, sans songer que la clarté de la lune, si étincelante qu'elle fût, n'était pas suffisante cependant pour permettre de discerner sa rougeur.

Paul continua :

Je voyais devant moi passer, passer rapides,
Des couples au regard joyeux ;
Car les hommes dupés et les femmes perfides,
Sous le masque semblent heureux !

Ces vers furent dits par le jeune homme avec une expression pleine d'amertume et d'ironie.

Il reprit, mais cette fois avec un accent de tristesse et de mélancolie :

L'orchestre résonnait, et pourtant ma pensée
Remontait au temps qui n'est plus,
Et parfois s'échappait de mon âme oppressée
Des regrets, hélas ! superflus !

Ces derniers vers mirent des larmes dans la voix de Paul et des larmes dans les yeux de Marie.

Après un instant de silence, — coupé seulement par la chanson du rossignol, — le jeune homme poursuivit :

Tout à coup je sentis mon âme aux cieux ravie,
Et je croyais rêver toujours ;

Et je ne rêvais pas, — car c'était vous, Marie,
Le plus doux des songes d'amour !

La voix de Paul s'était tellement voilée en prononçant le nom de *Marie* qu'il avait été impossible d'en saisir les syllabes au passage. L'oreille de madame de Lagarde n'avait pas entendu, mais son cœur avait deviné.

Plus que jamais elle cachait son visage sous les touffes parfumées des roses du Bengale.

Paul murmura les vers suivants :

C'était vous ! c'était vous ! — mon cœur dans ma poitrine
Battit à la briser soudain !
Je vous avais revue ! ! — oh ! mon front s'illumine !
Oh ! je pourrais mourir demain !

Rien ne pourrait rendre l'extase profonde, l'enthousiasme ardent qui déborda dans la strophe que nous venons de reproduire et qui se continua dans la suivante :

Un coup de vent suffit pour chasser la fumée,
Un accord meurt en un instant :
De même, dites-moi, ma jeune bien-aimée,
Avez-vous oublié l'absent ?

Mais l'enthousiasme s'éteignit soudain, et les lèvres de Paul laissèrent tomber les vers suivants plutôt qu'elles ne les prononcèrent :

Comme un vain souvenir qu'on perd et qu'on oublie,
(Qu'importe qu'on le garde ou nom !)
Oh ! dis-moi, de ton cœur, oh ! dis-moi, ma chérie,
N'as-tu pas effacé mon nom ?

Les jeunes gens avaient marché, — un massif de lilas en fleurs projetait sur eux en ce moment son ombre épaisse ; sans cela Paul aurait pu voir le regard de Marie, et même un geste involontaire, répondre d'une façon adorablement négative à la question qu'il venait de poser dans la dernière strophe.

Mais il ne vit rien, et il continua :

Si tu m'aimais, mon Dieu, si tu m'aimais encore,
Vois-tu, l'avenir est à nous.

Il ne put aller plus avant.
Un bruit de pas et de chevaux lui coupa la parole.
C'était M. de Lagarde qui revenait de la ville.
Marie s'enfuit comme une biche effarouchée.

VII. — DE L'INFLUENCE DES MENACES SUR L'AMOUR.

Nous avons dit que M. de Lagarde était allé à la ville voisine pour affaires.

Il avait eu des difficultés avec son notaire.

Des discussions avec son avoué.

Une dispute avec son avocat qui lui avait prédit la perte d'un procès pendant, — procès qu'il tenait beaucoup à gagner.

Le domestique qui l'accompagnait avait par maladresse laissé tomber chemin faisant le cheval qu'il montait et qui s'était couronné dans sa chute.

Bref — et grâce à toutes ces contrariétés réunies — le marquis était d'une humeur massacrante en arrivant au château.

Il avait mal dîné à l'auberge de la petite ville, et, aussitôt qu'il fut descendu de cheval il demanda à souper.

Marie et Paul vinrent lui tenir compagnie à table, tandis qu'il engloutissait de larges tranches d'un succulent jambon d'York, et qu'il sablait rasade sur rasade d'un pomard ragaillardissant.

Peu à peu, et grâce à l'influence bienfaisante du souper, M. de Lagarde parut revenir à la joyeuse bonhomie qui faisait la base de son caractère. Cependant un nuage répandu sur son front et une ride creusée entre ses deux sourcils, indiquaient encore une préoccupation fâcheuse.

Marie, qui au commencement du repas avait insisté sans résultat pour dissiper la mauvaise humeur du marquis, crut pouvoir revenir à la charge.

— Voyons, mon ami, qu'avez-vous ? — lui demanda-t-elle, — il est impossible que les discussions d'intérêt vous préoccupent à ce point.

— Ce que j'ai ?... — répondit M. de Lagarde en frappant du poing sur la table. — Je ne voulais pas te le dire, car il est toujours triste d'entrer devant sa femme dans d'aussi ignobles détails.

— J'ai que notre voisin, le comte de Marennes, est en train de déshonorer la noblesse de notre province, — j'ai appris cela à la ville. où les boutiquiers et les manants en causent tout haut et s'en réjouissent fort, et le cœur m'en bondit d'indignation dans la poitrine !...

— Mais enfin, de quoi s'agit-il ?

— Tu connais la comtesse, — une jolie femme, ma foi ! blonde et charmante créature, de par tous les diables ! la coquine !...

— Oui, je la connais... eh bien ?

— Eh bien ! il paraît que la comtesse avait un amant...

— Ah ! fit Marie en rougissant.

— Un jeune homme, — un officier du régiment des chasseurs en garnison à *** — cela durait depuis longtemps, et le comte ne s'apercevait de rien ! — Les maris sont tous comme cela... quand je dis tous !... huist ! enfin, suffit, — je connais le monde ! — Bref, tant va la cruche à l'eau qu'enfin elle se casse ! — La semaine dernière, le comte surprit sa femme en flagrant délit, tout ce qu'il est possible d'imaginer de plus complet !...

— Mon ami... — interrompit vivement Marie dont les joues étaient devenues pourpres.

— N'aie pas peur, — je gazerai ; — d'ailleurs, le plus fort est dit. — Que crois-tu qu'ait fait le comte, je te prie ?...

— Comment le saurais-je ?... — balbutia la jeune femme.

— Eh bien, il n'a rien fait du tout, — il a été chercher des témoins, — il les a amenés dans la chambre de sa femme, près du lit de sa femme !... et là, le juge de paix, le maire, je ne sais qui, une autorité quelconque enfin, a dressé sous ses yeux un procès-verbal d'adultère... et le misérable, le lâche, intente en ce moment à la comtesse un procès en séparation... de par tous les diables, c'est infâme !...

— Mais, demanda Paul, sans autre motif que de faire diversion et d'empêcher le marquis de remarquer l'étrange agitation de Marie, — mais, mon cher marquis, que vouliez-vous qu'il fît ?

— Ce que j'aurais fait ? morbleu ! — répondit M. de Lagarde d'une voix tonnante, — j'aurais tué ma femme d'abord, sans remords, sans pitié, et quant à son complice, je me serais battu avec lui à l'épée, au pistolet ou au couteau jusqu'à la mort de l'un des deux, devant le cadavre sanglant de sa complice, et Dieu, qui est juste après tout, aurait bien permis à ma main de venger mon honneur ! — Mais c'est assez parler de ces turpitudes. — ça révolte et ça répugne. — Bonsoir, mon cher Paul, — bonsoir, ma petite Marie, — je suis brisé de fatigue et je vais me coucher.

Le marquis monta chez lui, et au bout de dix minutes la lumière s'éteignait derrière les persiennes de son appartement.

Il était minuit.

Paul n'était pas rentré au château.

En quittant la salle à manger, il s'était enfoncé dans le parc, et il était retourné sous les ombrages touffus de cette allée sombre et solitaire où, deux heures auparavant, il avait rencontré la jeune femme.

Marie s'était enfermée chez elle.

Elle avait renvoyé sa femme de chambre, dont la présence ce soir-là lui semblait une gêne, et seule, déshabillée à demi, elle s'était jetée sur un siège en appuyant ses deux mains sur son cœur comme pour en comprimer les battements impétueux.

Son peigne venait de tomber, et les longues nattes de ses cheveux noirs, brillant diadème trop lourd pour sa tête brûlante. glissaient sur ses épaules nues.

Son peignoir entr'ouvert avait coulé jusqu'au bas de sa taille. Sa chemise de batiste, froissée par sa main émue, laissait à découvert un de ses seins palpitants, qu'on eût dit taillés dans un bloc de marbre de Carrare.

Sa tête. renversée en arrière, s'appuyait au dossier de son fauteuil. Ses yeux, presque fermés, avaient pris une indicible expression de langueur, et ses lèvres entr'ouvertes, frémissantes comme pour un baiser, dévoilaient l'émail humide et éblouissant de ses dents.

Après un temps assez long d'une sorte d'extase voluptueuse et d'accablement passionné, Marie se leva et s'approcha de son lit.

Mais l'atmosphère de sa chambre à coucher lui parut d'une pesanteur étouffante.

Elle avait la fièvre, et elle attribuait à l'air qu'elle respirait le feu qui coulait dans ses veines. Elle ouvrit sa fenêtre. La nuit n'avait pas changé d'aspect depuis la promenade des deux amants.

La chaste Phébé (comme disaient les vieux poètes, — par ironie sans doute) étincelait au plus haut des cieux et répandait au loin ses clartés molles et indécises.

Le grillon s'était tu.

Le rossignol avait cessé sa chanson.

Le chien de berger dormait dans l'étable de son maître.

Aucun bruit ne troublait le silence solennel de cette nuit magnifique.

Marie rattacha négligemment sur sa tête les tresses de sa chevelure. Elle jeta un châle sur ses épaules. Elle mit des pantoufles à ses pieds nus.

Et enfin, furtive, sans lumière, marchant à pas lents et muets pour ne réveiller personne, elle quitta sa chambre et descendit au jardin où elle croyait se trouver seule.

A quelques centaines de pas du château s'élevait au milieu des bosquets un petit pavillon, dans lequel Marie allait quelquefois passer les après-midi pendant les plus fortes chaleurs de l'été.

Un piano, des livres et des albums avaient fait de ce pavillon une sorte de cabinet de travail.

C'est de ce côté que Marie dirigea sa promenade nocturne.

Arrivée tout auprès, elle hésita un moment avant d'y entrer.

Cependant la porte était entr'ouverte et semblait l'inviter. Elle franchit le seuil.

La lune éclairait le pavillon presque comme en plein jour, et jetait sur le parquet, à travers les deux larges fenêtres, une traînée de lumière argentée.

Marie s'assit devant le piano. Elle l'ouvrit machinalement, et ses doigts charmants errèrent, sans but d'abord, sur les touches d'ivoire et d'ébène.

Mais bientôt l'esprit de l'harmonie toucha de sa baguette sonore le front pensif de la jeune femme.

Les notes, indistinctes, confuses, incohérentes, se groupèrent en arpèges éblouissants.

L'inspiration descendait.

Pour la première fois de sa vie Marie improvisa.

Peut-être les chants qui jaillirent sous ses doigts n'étaient-ils pas de tout point conformes aux règles sévères de la composition savante. Mais certes, ils renfermaient un poème, — un poème d'amour et de désirs.

De chaque accord semblait s'exhaler une plainte voluptueuse.

Le nom de Paul retentissait dans chaque note. . . . .

Marie avait les yeux levés au ciel.

Une sensation subite les lui fit baisser vers la terre.

Paul était à ses genoux. •

A l'heure où Marie venait de quitter le château, M. de Meynard continuait sa promenade solitaire qui se serait sans doute prolongée jusqu'au matin.

Une mélodie vague, mais délicieuse, lui fit prêter l'oreille, — il crut rêver d'abord.

Il écouta mieux, et se convainquit que l'illusion des sens n'était pour rien dans ce qu'il entendait.

Quelques centaines de pas à peine le séparaient de l'endroit d'où partait cette musique.

Il eut le pressentiment de la vérité, et courut au pavillon.

En voyant Paul à ses pieds, il sembla à madame de Lagarde qu'elle sortait d'un songe.

Elle se sentit subitement frissonnante d'un involontaire effroi qui n'était pas sans charme.

Ses doigts quittèrent les touches du piano, et elle s'enveloppa tout à la fois dans son châle et dans sa pudeur.

Puis elle se leva et se tint debout, muette et immobile devant Paul.

Ce mouvement rappela le jeune homme à lui-même.

Il imposa silence aux mouvements désordonnés de la passion, et il dit d'une voix presque calme :

— Je suis heureux... bien heureux... que le hasard nous réunisse ainsi, Marie... Cette heure est la dernière, sans doute, puisque laquelle je pourrai me trouver seul avec vous ; et puisque Dieu m'envoie ce bonheur, que je n'aurais point osé solliciter ni espérer, il me semble que je partirai plus calme...

— Partir !... balbutia Marie avec stupeur. — Que dites-vous ?

— Je vous quitte demain.

— Vous nous quittez ! — répéta machinalement la jeune femme, tandis que son esprit semblait chercher le sens de ces mots qui l'effrayaient. — Vous nous quittez ! répéta-t-elle.

— Il le faut.

— C'est impossible ! — vous ne pouvez pas partir ! — je ne veux pas que vous partiez...

Et, tout en parlant, elle avait saisi la main de Paul, et celui-ci sentait tout son être se fondre en une sensation délicieuse, au contact de la main brûlante de Marie.

— Oui, il le faut, — continua Paul. — Je ne peux pas rester ici plus longtemps... je sens que le courage me manque... la souffrance est au-dessus de mes forces...

— Vous souffrez ! — s'écria Marie. — Pourquoi souffrez-vous, mon Dieu !

— Parce que je vous aime et que vous ne m'aimez pas...

— Je ne l'aime pas ! — murmura la jeune femme avec une sorte d'égarement. — Oh ! mon Dieu ! il dit que je ne l'aime pas !...

— Et encore, poursuivit M. de Meynard, — parce que, m'aimassiez-vous (et ce bonheur serait trop grand pour que je pusse y croire), je ne consentirais jamais à compromettre votre bonheur, votre avenir...

— Mais, — interrompit Marie d'une voix lente et passionnée, — si mon bonheur c'était vous, — si mon avenir c'était vous...

— Il resterait encore votre vie...

— Ma vie ? — répéta la jeune femme.

— Oui ; votre vie mise en péril par notre amour. — Ne vous souvenez-vous donc pas des paroles de votre mari, de cette menace sauvage et terrible qui m'épouvante, mais pour vous seule...

— Oh ! — s'écria madame de Lagarde avec une fiévreuse exaltation, — oh ! je me les rappelle ces paroles, et je les bénis, car ce sont elles qui m'autorisent à te dire tout haut que je t'aime ! — Oh ! je la bénis cette menace qui me relève à mes propres yeux et m'absout presque de ma faute. — Nous aurions été lâches. — Nous sommes courageux ?...

— Il me tuerait, a-t-il dit, — il me tuerait si jamais un autre que lui... — Eh bien ! je suis heureuse et fière de te donner ma vie... il me tuerait !... eh bien ! Paul, je t'aime... je t'aime et je suis à toi...

En ce moment, la surexcitation nerveuse de Marie s'abattit tout à coup, — ses forces épuisées par tant d'émotions trahirent son énergie factice, — elle s'évanouit complétement et tomba sans connaissance entre les bras de M. de Meynard.

Toute chaleur, toute existence pour ainsi dire, semblaient s'être retirées de la jeune femme.

Ses joues, si ardemment colorées l'instant d'auparavant, étaient pâles comme un linceul, et ses membres étaient glacés.

Paul la porta sur un divan, arrangea des coussins pour appuyer sa belle tête et s'assit à côté d'elle, pâle, lui aussi, et tremblant d'anxiété et presque d'épouvante.

L'anéantissement de la jeune femme ne semblait point toucher à son terme.

A peine un souffle faible et inégal venait-il, par instants, soulever sa poitrine.

Paul l'enlaça de ses bras pour la réchauffer.

Il appuya ses lèvres sur son front mouillé d'une sueur froide, sur ses longs cheveux dénoués, sur ses joues sans couleur et sur ses yeux fermés. •

Le peignoir de Marie s'était entr'ouvert.

Les lèvres de Paul violèrent les chastes secrets de sa gorge divine.

Et, malgré ces brûlantes caresses, Marie ne sortait point d'un anéantissement image de la mort.

Enfin une faible étreinte répondit à l'étreinte de Paul.

． ． ． ． ． ． ． ． ． ． ． ． ． ． ． ． ．

En ce moment la lune se cacha derrière un nuage, et l'intérieur du pavillon se trouva plongé dans une obscurité profonde.

VIII. — LES PREMIÈRES LARMES.

C'est une chose étrange que l'amour et surtout que les mobiles qui font agir parfois les nobles cœurs dont il s'est emparé.

Ainsi, madame de Lagarde, élevée dans les principes d'une morale sévère, — forte de sa vertu et de sa pureté, — chaste d'âme comme de corps, — aurait résisté peut-être toujours aux plus tendres prières, aux supplications les plus passionnées de celui qu'elle aimait. Il lui aurait semblé qu'elle dégradait sa passion en se livrant à Paul.

Mais aussitôt qu'une menace, aussitôt qu'un danger, furent venus relever et pour ainsi dire anoblir sa faute à ses propres yeux, elle obéit avec héroïsme à l'amour qui l'entraînait vers M. de Meynard.

Et qu'on n'aille pas croire, en nous voyant chercher une sorte d'excuse pour la courageuse faiblesse de Marie, qu'on n'aille pas croire que notre intention soit d'essayer dans ces pages la réhabilitation de l'adultère.

Loin de nous l'idée de soutenir un paradoxe insensé et coupable.

Nous racontons les faits et nous aprécions de notre mieux les causes morales.

Voilà tout.

La suite de ce récit nous justifiera d'ailleurs, plus que suffisamment, de l'accusation qu'on pourrait porter contre nous.

—

Pendant quelque temps Marie se crut heureuse.

M. de Lagarde était aveugle et confiant, comme un honnête homme qui ne doute ni de soi-même ni des autres.

Et puis, la passion offrait à la jeune femme quelques-unes de ces heures de brûlant délire qui font tout oublier ; et quand, perdue dans un abîme de volupté entre les bras de Paul, elle se disait qu'elle donnerait de grand cœur sa vie tout entière pour un de ses baisers, elle ne pensait pas qu'un soupçon, qu'un rien, qu'un mot, pouvaient, à l'improviste, en détruisant la sécurité du mari, venir, comme un coup de tonnerre, troubler son ciel et briser son bonheur.

Hélas ! après les divines joies de l'amour allaient en arriver les déceptions amères, les angoisses et les martyres.

Marie avait bu tout le miel de la coupe.

Le fiel était au fond.

Le semestre de Paul touchait à son terme.

Une lettre du ministre de la guerre enjoignit au jeune capitaine de rejoindre son régiment sur-le-champ.

Il fallait obéir.

Ce fut pour Marie une première, une profonde douleur, — douleur d'autant plus poignante qu'elle était obligée de la renfermer en elle-même, de dévorer ses larmes muettes, et, comme l'enfant de Sparte qui cachait sous sa tunique un jeune renard qui le dévorait, de sourire avec une blessure saignante au cœur.

Les adieux des deux amants furent tristes et longs.

Paul fit tout ce qui dépendait de lui pour rendre à sa maîtresse un peu d'énergie et de courage.

— Je reviendrai bientôt, — disait-il, — s'il le faut, je donnerai ma démission, afin de ne plus vivre que pour vous, — et puis je vous écrirai, Marie, je vous écrirai souvent et longuement, et même que je penserai sans cesse à vous, vous ne m'oublierez point, n'est-ce pas ?

A dater du jour du départ de Paul, un nuage obscur se répandit sur la vie de la jeune femme.

Les lettres de son amant lui apportaient seules un rayon de soleil.

Ces lettres étaient brûlantes. — Paul y parlait d'une affection éternelle : — Rappelez-moi, — disait-il sans cesse, — rappelez-moi et je reviendrai.

Et Marie gardait ces lettres comme un avare garde son trésor, comme une mère garde son enfant, comme une femme garde son bonheur.

Cependant elle dépérissait chaque jour davantage et semblait rongée sourdement par quelque malaise inconnu.

Une pâleur uniforme avait remplacé le brillant coloris de de ses joues. Une mélancolie habituelle prenait la place de sa gaîté si vive et si franche autrefois.

M. de Lagarde suivait avec une profonde anxiété le progrès de ces symptômes étranges, dont il cherchait vainement la cause.

Avec sa bonté, touchante au fond quoique un peu vulgaire en sa forme, il entourait Marie des soins les plus tendres et les plus constants. Mais tout cela était inutile.

L'automne arriva.

L'hiver succéda à l'automne.

Le marquis proposa à sa femme de revenir à Paris.

Elle y consentit, sans regret comme sans plaisir. — Que lui importait Paris ou la campagne !

Partout où n'était pas Paul, partout, pour elle, était la solitude.

A Paris, comme au château de Lagarde, rien n'avait le pouvoir de plaire à Marie ou de la distraire.

Les fêtes joyeuses lui semblaient mornes et tristes, car elle portait la tristesse dans son âme.

Les lettres de Paul arrivaient toujours, cependant, mais à de plus longs intervalles.

Peut-être aussi aurait-on pu trouver quelque chose de contraint dans les protestations de tendresse qui remplissaient leurs pages.

Mais Marie n'y voyait que l'amour dont son cœur débordait.

—

Nous laissons s'écouler un an entre les premiers événements de cette histoire et l'époque à laquelle nous prions nos lecteurs de vouloir bien se transporter avec nous, et, pour la seconde fois, nous les conduisons au château de Lagarde, dans ce salon qu'ils connaissent déjà.

Le marquis et sa femme étaient depuis quelques jours revenus en Picardie, et, au moment dont il s'agit, c'est-à-dire une demi-heure environ après le déjeuner, ils se trouvaient avec leurs hôtes.

Ces derniers étaient une femme très-âgée et une toute jeune fille.

La douairière, propre tante de M. de Lagarde, se nommait très-haute et très-puissante dame Hermangarde, Guisolphe, vicomtesse de Cor-en-Basset.

Les traits de la vicomtesse, nobles et fiers jusqu'à la hauteur et encadrés dans des boucles de beaux cheveux argentés, plus blancs sans contredit que les dentelles un peu jaunies de sa coiffe, rappelaient involontairement ces magnifiques portraits de famille peints par Van-Dick ou par Mignard.

La jeune fille, — Clotilde de Cor, — était la petite-fille de la comtesse, et par conséquent la cousine du marquis de Lagarde.

Avec ses grands yeux bleus, — ses cheveux blonds, — ses joues rosées, — sa petite bouche fraîche et souriante comme une grenade en fleur, et les contours encore indécis de son fin corsage, Clotilde semblait un de ces types gracieux et coquets qu'on retrouve dans les tableaux de Boucher et de Watteau. Il était impossible de rêver une créature plus jolie, plus mignonne, plus leste et plus pimpante.

M. de Lagarde, fatigué par une longue promenade à cheval qu'il avait faite le matin, s'endormait dans un coin du salon en parcourant le dernier numéro du Journal des Chasseurs.

Et, tout en s'endormant, il murmurait entre ses dents :

— Bon journal ! de par tous les diables ! — Excellent journal ! — Ce marquis de Foudras écrit d'un joli style ! — Ce doit être un fin chasseur et un très-grand seigneur que cela ! — Je voudrais sabler en sa compagnie une ou deux bouteille de mon chambertin de l'année de la comète et courre un chevreuil ensuite ! Oui, je le voudrais... de par tous les diables !

Et M. de Lagarde laissa tomber sa brochure.

Il dormait.

Clotilde était au piano et déchiffrait une nouvelle mélodie de Schubert.

Madame de Lagarde, assise auprès d'elle, semblait l'écouter, la tête appuyée sur sa main...

Mais son regard vague et distrait, tantôt se perdant au plafond, tantôt s'arrêtant sans les voir sur les grands arbres qu'on apercevait par les fenêtres entr'ouvertes, prouvait qui si son corps était là sa pensée était absente.

La vicomtesse de Cor-en-Basset brodait au petit point ses armoiries sur un tabouret de tapisserie et s'interrompait de temps à autre pour lire quelques lignes des premiers-Paris de l'Union monarchique et de la Gazette de France.

Disons en passant qu'elle accusait l'Union de tendances outrageusement progressistes, et qu'elle blâmait hautement le libéralisme outré de M. de Genoude.

Un domestique, en entrant dans le salon, réveilla brusquement M. de Lagarde.

Ce domestique apportait une lettre qu'il présenta au marquis sur un plateau d'argent.

— Le timbre de Marseille ! — s'écria le marquis en rompant vivement le cachet, — c'est de Paul !

Marie s'était levée en sursaut et elle attendait, les yeux dilatés et les lèvres frémissantes d'impatience.

Une expression joyeuse se peignit sur les traits du marquis, qui ajouta presque aussitôt :

— Il arrive ! il arrive ! — De par tous les diables ! c'est une bonne nouvelle !...

— Il arrive ! — murmura Marie, se contenant à peine.

Puis elle demanda tout haut :
— Et quand arrive-t-il ?
— Demain.

Le marquis continua sa lecture et il ajouta :
— Il te présente ses respects affectueux, et il espère que tu ne l'as pas oublié.
— Oublié ! lui ! — se dit tout bas la jeune femme, — oublié !... oh ! mon Dieu !...

En même temps son regard tomba sur Clotilde qui, depuis l'entrée du domestique et tandis qu'on échangeait ces quelques paroles, avait quitté le piano.

Son regard tomba sur Clotilde, disons-nous, et, par un pressentiment étrange, à la vue de cette belle jeune fille, elle sentit son cœur se serrer.

—

Les heures qui s'écoulèrent jusqu'au lendemain semblèrent bien longues à Marie.

Enfin apparut l'aube matinale de ce jour qui devait éclairer sa réunion avec son amant.

Dès le matin elle monta sur la plate-forme de la tour dont nous avons déjà parlé, et là, armée d'un télescope, elle guetta l'arrivée de la malle-poste.

Chaque nuage de poussière soulevé par les pas d'un troupeau ou d'un cavalier, chaque voiture apparaissant à l'horizon faisaient bondir son pauvre cœur.

Enfin la malle-poste se dessina dans le lointain, entraînée par le galop de ses quatre chevaux.

Elle la vit s'arrêter devant la grille du parc.

Un voyageur en descendit.

Malgré la distance, elle l'avait déjà reconnu.

C'était lui ! — c'était lui !...

IX. — UN DRAME EN AFRIQUE.

En revoyant ainsi son amant, après une séparation d'une année, l'émotion de madame de Lagarde fut si vive que, par un effet bizarre, cette émotion devint presque douloureuse.

Des larmes voilèrent ses yeux et roulèrent sur ses joues.

Elle fut obligée de s'asseoir afin de se calmer et de reprendre assez d'empire sur elle-même pour cacher son trouble à tous les regards, car ce trouble était criminel et les amours illicites enfantent plus de peines que de joies.

Mais enfin elle put descendre et elle enveloppa Paul tout entier de son brûlant regard.

Il ne lui sembla pas changé. A peine avait-il le teint un peu plus bronzé par le soleil d'Afrique et le front un peu plus dégarni par les fatigues et les insomnies.

Il était part capitaine, — il revenait chef de bataillon.

M. de Lagarde s'était emparé de lui et l'accablait de compliments et de questions.

Paul s'approcha vivement de Marie et lui baisa la main.

— Combien c'est bon et gracieux à vous de vous être souvenu de nous, — dit la jeune femme d'une voix tremblante...

— Votre hospitalité, madame, est de celles qu'on n'oublie jamais, — répondit M. de Meynard.

Mais cette phrase banale et qui semblait de pure politesse, fut accompagnée d'un regard qui fit tressaillir de joie le cœur de Marie.

En ce moment Clotilde entra dans le salon.

La jeune fille, — à la vue d'un étranger, — s'arrêta un instant, hésitante et timide.

Paul la regarda avec une curiosité émerveillée, et l'expression de ses traits peignit son admiration en face de tant de jeunesse, de fraîcheur et de beauté.

Marie, sans savoir pourquoi, peut-être sans se rendre compte de cette impression, mais par suite de cette divination jalouse que presque toutes les femmes ont reçue en naissant, Marie, disons-nous, se sentit contrariée de l'arrivée et de la présence de Clotilde.

Nous passerons rapidement sur le détail des premiers jours qui suivirent l'arrivée de Paul au château de Lagarde.

Nos lecteurs suppléeront facilement à ce que nous ne disons pas, et devineront sans peine par quels incidents minimes ces quelques journées furent remplies.

Constatons seulement que la tendresse de M. de Meynard pour Marie, sans que rien parût changé dans ses formes extérieures, aurait semblé peut-être (à un observateur habile et désintéressé) revêtir un commencement de contrainte et de satiété.

En outre (sans sortir cependant des strictes limites d'une politesse gracieuse et bienveillante), Paul accordait à Clotilde un peu plus d'attention que Marie ne l'aurait désiré.

De son côté, la jeune fille ne cachait point la sympathie toute particulière qu'elle éprouvait pour M. de Meynard, et le regard de ses grands yeux bleus devenait encore plus doux quand il s'attachait sur le jeune officier.

Mais Clotilde était une enfant, et rien de plus. — Du moins voilà ce que se disait Marie, voilà ce qu'elle cherchait à se persuader à elle-même.

Un soir, les cinq personnes qui se trouvaient momentanément réunies au château de Lagarde étaient rassemblées sous la voûte de verdure formée par la charmille au-dessus de l'allée circulaire du parc.

La conversation languissait.

La vicomtesse douairière de Cor-en-Basset se plaignait d'un commencement de migraine.

Marie était rêveuse et préoccupée.

La gaîté habituelle et presque turbulente de Clotilde ne se manifestait pas ce soir-là.

— J'ai une idée ! — dit tout à coup M. de Lagarde.

— Vous ? mon oncle ! — demanda Clotilde avec une expression d'étonnement naïvement comique.

— Il paraît, petite folle, que vous trouvez cela tout à fait en dehors de mes habitudes ! — répliqua le marquis en riant.

— Moi ? — par exemple !... — dit la jeune fille du même ton, — enfin, puisque cela m'y a, voyons votre idée, mon oncle.

— Et vous applaudirez si vous la trouvez bonne ?

— Des deux mains.

— Eh bien, je veux, — en votre nom, mesdames, — prier Paul de nous raconter quelque aventure bien dramatique et bien effrayante de sa vie en Afrique.

— Bravo ! bravo ! bravo !... — s'écria Clotilde, — vous le voyez, mon oncle, j'applaudis trois fois.

— Reste à savoir — continua M. de Lagarde, — si ce ne sera pas mettre la complaisance de Paul à une trop rude épreuve...

— Pas le moins du monde, — répondit le jeune homme, — je vais vous conter une anecdote dans laquelle j'ai joué un rôle assez actif, et qui, je l'espère, intéressera ces dames.

— Une histoire ! — dit vivement Clotilde, — une histoire ! quel bonheur !...

— Un danger peut-être, — murmura Marie, quel effroi !...

Le marquis approcha de ses lèvres un petit sifflet d'argent.

Il donna l'ordre au domestique qui accourut d'apporter sous la charmille du café frappé et des sorbets, et Paul commença son récit :

« J'étais en reconnaissance, — dit-il, — dans les environs de Constantine, à cinq ou six lieues à peu près.

« On m'avait envoyé là avec deux officiers d'état-major et un petit détachement de spahis et de soldats du génie pour lever des plans et indiquer le tracé d'une route.

« On signalait sur tous les points la présence de ces groupes d'Arabes assassins et pillards, qui rôdaient sans cesse comme des chacals affamés autour des avant-postes et des corps détachés de notre armée.

« Mais, comme nous étions beaucoup trop éloignés de Constantine pour songer à y retourner chaque soir, — comme d'ailleurs nos travaux pouvaient être longs, — il nous fallut chercher un lieu de campement qui pût nous servir en quelque sorte de position militaire et où nous eussions à peu près la certitude de ne point être attaqués et taillés en pièce par surprise.

« Nos éclaireurs vinrent nous avertir qu'ils avaient découvert à un quart de lieue sur notre droite, dans l'intérieur des terres, une maison blanche d'assez bonne apparence, entourée par des massifs de peupliers et d'arbres fruitiers.

« C'était précisément là ce qu'il nous fallait.

« Nous nous dirigeâmes aussitôt de ce côté et nous atteignîmes la maison dont nos éclaireurs n'avaient point exagéré la position favorable et la bonne apparence.

« La porte était fermée en dedans.

« Un de nos hommes heurta à plusieurs reprises avec la crosse de son fusil.

« Personne ne se montrant, je me préparais à faire enfoncer cette porte, quand enfin une jeune fille vint nous ouvrir.

« De ma vie je n'ai vu quelque chose de plus étrange et tout à la fois de plus remarquable que cette jeune fille, dont, contrairement aux usages du pays, le visage était absolument ment découvert.

« C'était une créature admirablement belle, mais d'une beauté sauvage.

« Elle réalisait le type le plus pur et le plus complet des formes physiques de la vieille race arabe.

« Elle était grande, — large des épaules et des hanches, — mince et souple du bas de la taille comme un jeune peuplier.

« L'ovale de son visage était allongé, et son teint mat et uni brillait d'une chaude et magnifique couleur florentine.

« La prunelle sombre de ses grands yeux nageait au milieu d'un globe d'une blancheur éclatante, et, pour ainsi dire, baigné de lumière.

« Des chapelets de petits sequins d'or s'enlaçaient aux tresses opulentes de ses cheveux noirs.

« Ses pieds, nus dans ses babouches, et ses mains longues et effilées étaient d'une petitesse et d'une forme royales.

« Le seul défaut que l'on pût reprocher peut-être à la beauté de cette jeune fille, était la longueur un peu exagérée du cou et le manque de rondeur dans les formes du buste. — Mais ces légères imperfections étaient un des principaux caractères de la *race pur sang*.

« La jeune Arabe demanda dans son langage ce que nous voulions.

« Notre interprète lui expliqua que nous désirions obtenir l'hospitalité.

« La jeune fille répondit alors que nous étions les bienvenus dans cette maison qu'elle habitait seule avec son père.

« Tandis qu'elle prononçait ces dernières paroles, un sourire étrange soulevait les coins de sa bouche et laissait voir ses petites dents, blanches comme des perles et un peu écartées.

« Je me rappelai plus tard ce sourire dont je compris alors la signification railleuse et terrible.

« Le vieillard, père de la jeune fille, vint nous faire à son tour ses compliments de bienvenue.

« Ce vieillard, avec sa figure osseuse et caractérisée recouverte par un parchemin bistré qu'illuminaient deux yeux ardents, assez semblables à ceux d'un oiseau de proie, — avec son corps maigre et chétif, courbé par l'âge et enveloppé dans son grand burnous de laine blanche, avait quelque chose de sinistre.

« On eût dit un prophète, mais un prophète de mauvais augure.

« Cependant nous nous installâmes dans la maison.

« Chaque matin nous la quittions pour nos opérations qui duraient toute la journée, et nous n'y revenions que le soir.

« Pendant notre absence, quelques sentinelles gardaient nos provisions et les armes des travailleurs.

« Le vieillard, sans cesse accroupi et fumant sur une natte dans l'un des angles de la pièce principale, ne paraissait pas s'apercevoir de la présence d'étrangers dans sa maison.

« Sa fille, au dire des sentinelles, s'approchait de lui de temps à autre, et alors, sans prononcer une seule parole, ils échangeaient ensemble des signes mystérieux dont nous ne nous préoccupions nullement.

« Tout était calme d'ailleurs dans les environs, et les Arabes ne se montraient pas.

« Cependant le jour arriva où nos travaux furent terminés.

« Nous devions retourner à Constantine le lendemain et nous couchions pour la dernière fois dans l'oasis du vieillard.

« Notre hôte avait reçu une large indemnité pour les petits dommages que nos soldats avaient pu lui causer.

« Il semblait enchanté de nous, — du moins à en juger par l'expression de son visage, moins sombre et moins farouche que de coutume.

« La nuit arrivait.

« Le ciel était d'airain.

« Le soleil venait de se coucher derrière des nuages sombres et cuivrés, frangés d'un rouge vif.

« Le hideux miaulement des chacals retentissait seul dans le désert.

« On avait, comme de coutume, placé les sentinelles de distance en distance. Les officiers et les soldats s'apprêtaient à dormir.

« La maison que nous occupions avait un rez-de-chaussée et un premier étage. Nos soldats occupaient le rez-de-chaussée. Les deux officiers d'état-major et moi nous couchions au premier étage.

« Le temps était lourd et orageux. — On eût dit qu'un manteau de feu enveloppait la terre africaine. — Mon sommeil, agité et interrompu, se peuplait de mauvais rêves et d'images sinistres.

« Vers minuit je me réveillai tout à fait.

« J'étouffais... — Je quittai mon lit.

« Chaque nuit, la chaleur de la chambre où je me trouvais devenait intolérable, et j'avais coutume de monter sur la terrasse de la maison pour y respirer un air un peu rafraîchi par les brises lointaines de la mer.

« Un escalier grossièrement construit, ou plutôt une échelle, conduisait à cette plate-forme à laquelle on arrivait en soulevant une sorte de trappe, assez semblable à celles des greniers à fourrage européens.

« Je montai l'échelle. — Je voulus soulever la trappe.

« Ce fut en vain !

« J'éprouvais une résistance uniforme et continue, comme si, depuis la plate-forme, un corps lourd et solide s'opposait à mes efforts.

« Je redescendis et je m'approchai de la fenêtre qui n'était pas vitrée, mais treillagée en fil de laiton.

« Le châssis qui la fermait était cloué en dehors, de telle sorte qu'il devenait impossible de l'ouvrir.

« Je commençais à éprouver je ne sais quelle vague inquiétude.

« Je me penchai en avant, autant que je pus le faire, pour essayer d'apercevoir les sentinelles. Je les vis en effet.

« Elles étaient immobiles, —l'arme au bras, — et la lune donnait assez de lumière pour me permettre de distinguer leurs silhouettes adossées à des troncs de palmiers.

« Leur tranquillité me rassura presque.

« Cependant je continuai à laisser mes regards errer machinalement sur la campagne, et bientôt mes yeux, accoutumés à la demi-obscurité de la nuit, aperçurent quelque chose de si bizarre et de si effrayant que je me demandai d'abord si j'étais bien éveillé !

« J'ai dit déjà qu'un petit bois de palmiers et d'arbres indigènes s'étendait à quelque distance autour de la maison.

« Il me sembla que des ombres blanches glissaient lentement en rasant le sol, se coulaient jusqu'au pied des arbres, et, là, disparaissaient dans la verdure.

« Ces ombres étaient innombrables et quand l'une venait de s'effacer une autre lui succédait aussitôt.

« Et cela sous les yeux de nos sentinelles !

« Cet inexplicable mystère me clouait sur place, d'étonnement et d'anxiété.

« Soudain la lune se cacha derrière un nuage.

« L'obscurité devint complète.

« Je ne voyais plus rien. —Pourtant je regardais toujours.

« La lune reparut.

« Le fourmillement des ombres blanches n'avait point cessé, seulement je distinguais mieux et je vis briller un reflet d'acier,—la lame d'un yatagan, à ce qu'il me sembla.

« Alors la vérité m'apparut, terrible !

« Nous étions entourés par les Arabes.

« Mais comment les ennemis étaient-ils arrivés jusque-là ?

« Pourquoi nos sentinelles n'avaient-elles point donné, ne donnaient-elles point l'alarme ?

« Mon esprit se perdait dans des conjectures insensées.

« Il n'y avait pas un instant à perdre. — J'éveillai mes deux compagnons de chambre.

« Ils furent bien vite sur pied et bien vite armés.

« En même temps je voulus descendre pour donner l'éveil à nos soldats.

« La porte, comme la fenêtre, avait été solidement clouée en dehors.

« — Nous sommes trahis ! m'écriai-je. — Comment faire ? — Comment prévenir nos hommes ?

« — Ils entendront un coup de feu, — dit l'un des officiers.

« — C'est juste, — répondis-je en prenant une carabine et en m'approchant de la fenêtre.

« Au dehors le même calme, la même apparence inoffensive et tranquille.

« Le mouvement des ombres avait cessé.

« Il me sembla entrevoir, dans le petit bois, quelque chose de blanc qui tranchait avec les teintes sombres de la verdure.

« Je passai le bout du canon de ma carabine à travers les mailles du treillis.

« Je mis en joue lentement et je tirai.

« Alors retentit de toutes parts et comme par magie, un cri sauvage, — un cri qui n'avait rien d'humain.

« Derrière chaque arbre apparut un homme enveloppé dans son burnous, et une décharge générale vint briser à moitié le châssis de la fenêtre.

« Un miracle seul permit que je ne fusse pas blessé.

« En même temps la trappe de la plate-forme se souleva violemment, — plusieurs têtes arabes apparurent, et l'un d'entre nous tomba percé de balles.

« Notre situation était horrible.

« Nous étions enfermés et littéralement pris entre deux feux. Il ne nous restait pour ainsi dire aucune chance de salut. Nos soldats étaient séparés de nous, et, sans aucun doute, retenus captifs, eux aussi, dans quelque épouvantable traquenard.

« — A la plate-forme ! — criai-je au seul compagnon qui me restât, — moi, je demeure à la fenêtre.

« Je tirais, — je chargeais, — je tirais sans cesse, — mais bien peu de mes balles portaient, tant il était facile aux assaillants de se mettre à l'abri derrière les troncs de palmiers.

« Tout à coup, — et pour comble de malheur, — la maison fut enveloppée d'un épais nuage de fumée.

« Le feu venait d'être mis à l'étage inférieur.

« En ce moment le vieillard et sa fille sortirent lentement de cette demeure embrasée, sur laquelle ils semblaient jeter l'anathème, et se dirigèrent du côté du bois.

« Une de mes balles fit tomber la jeune Arabe.

« Le père s'arrêta devant ce corps sanglant et qui se débattait dans les convulsions de l'agonie.

« Il leva les mains au ciel.

« Quelques paroles entrecoupées (une malédiction sans doute) s'échappèrent de ses lèvres.

« Puis, arrachant les deux pistolets qu'il portait à sa ceinture, il les déchargea contre la maison avec une rage convulsive.

« Un second coup de feu le frappa.

« Il s'abattit sur le cadavre de son enfant.

« Des cris effroyables retentissaient au-dessous de moi.

« Nos pauvres soldats étouffaient dans la fumée et dans les flammes.

« J'entendais les coups violents frappés avec leurs sabres et avec la crosse de leurs fusils contre les portes qu'ils cherchaient à briser et dont le bois cédait peu à peu.

« A ce bruit se mêlait celui de la détonation des armes à feu et les hurlements des Arabes.

« On ne saurait imaginer quelque chose de plus infernal.

« Soudain une balle, venue je ne sais d'où, traversa mon képy et me laboura le crâne.

« Je tombai sans connaissance.

.   .   .   .

« Quand je revins à moi, deux jours s'étaient passés.

« J'étais à l'hôpital de Constantine, — dans un bon lit, — entouré de soins affectueux, — et là j'appris la fin de toute cette affaire et l'explication de certains détails, jusque-là obscurs et inintelligibles pour moi.

« Traître et haineux, comme un véritable Bédouin qu'il était, le vieillard ne nous avait reçus dans sa maison que pour nous sacrifier à ses préjugés sauvages.

« Les guerriers d'une peuplade voisine avaient été prévenus par ses soins.

« La veille de notre départ, pendant notre absence, et trompant la vigilance de nos sentinelles, quelques hommes s'étaient introduits et cachés dans la maison, — les uns sur la plate-forme, les autres à l'étage inférieur.

« L'attaque ne devait avoir lieu que pendant la nuit.

« Il avait été facile aux Arabes, lestes et rusés comme de jeunes jaguars, de s'approcher de nos sentinelles, à la faveur des premières ombres de la nuit, et de les tuer d'un coup de couteau, sans un bruit accusateur, sans faire pousser un cri d'alarme.

« Leurs cadavres avaient ensuite été attachés contre les troncs des palmiers, dans la même position qu'ils auraient occupée s'ils avaient été vivants.

« Le vieillard et sa fille, restés dans l'intérieur, avaient cloué silencieusement les portes de communication, et enfin les Arabes cachés sur la terrasse pensaient nous surprendre endormis et nous égorger sans résistance.

« Quant aux soldats, on devait mettre le feu à des fascines accumulées autour d'eux, et l'on en aurait eu bon marché.

« Mon réveil inattendu avait empêché la complète réussite de ce plan infernal.

« Aussitôt après avoir brisé la porte qui les retenait captifs, nos soldats se trouvèrent presque en force pour la résistance. Quoique le nombre des Arabes fût de beaucoup supérieur au leur, ils firent avec un courage héroïque une sortie victorieuse. Les ennemis se dispersèrent comme les sauterelles du désert.

« J'étais sauvé, car le lendemain, ainsi que je vous l'ai dit, on me transporta à Constantine où ma blessure fut bientôt guérie. »

.   .   .   .

Paul se tut.

Pendant son récit, madame de Largarde avait suivi avec un dépit plein de colère la trace des diverses émotions qui se peignaient innocemment sur le charmant visage de Clotilde.

Tour à tour elle l'avait vue se troubler en pressentant un danger pour M. de Meynard.

Elle l'avait vue pâlir au moment où le jeune homme racontait qu'il était tombé, frappé par une balle.

Et enfin, en le sachant sauvé, elle l'avait vue l'entourer d'un regard chargé de tendresse.

Aussi Marie rougissait, — pâlissait, sentait l'enfer dans son cœur, — car pour la première fois elle comprenait clairement que Clotilde aimait Paul, — et elle était jalouse !...

X. — L'AGONIE D'UNE PASSION.

Le lendemain, Paul et M. de Lagarde se promenaient à cheval dans les environs du château.

Le marquis arrêta tout à coup sa monture, se tourna vers son compagnon qui se trouvait un peu en arrière, à une distance de deux ou trois pas, et s'écria :

— De par tous les diables, mon cher Paul, je serais un grand nigaud de jouer au fin avec vous, et de ne pas vous dire tout d'abord ce que j'ai sur le cœur !...

Paul tressaillit involontairement.

Quand la conscience n'est pas tranquille, les moindres mots semblent effrayants, lorsqu'ils viennent de ceux vis-à-vis desquels on a des torts à se reprocher.

Le marquis continua :

— Vous vous souvenez du repas que nous avons fait avec ma femme aux *Frères-Provençaux*, le lendemain du jour de notre rencontre sur le boulevard ?...

— Je m'en souviens à merveille.

— Vous rappelez-vous également tout ce que je vous ai dit de sensé, à ce repas ?...

— Aidez un peu mes souvenirs, je vous prie.

— Il s'agissait d'un projet qui me souriait fort.

— Un projet ?...

— Oui. — Je ne parlais de rien moins que de vous trouver une jolie femme avec une belle dot, de vous faire quitter le service, de vous ménager l'acquisition d'une terre proche de la nôtre, et de ne plus nous séparer...

— Vous avez bien voulu, en effet, mon cher marquis, me dire tout cela. — Rien n'est plus exact, et les souvenirs, me reviennent en foule.

— Eh bien ?...

— Eh bien ! quoi ?

— Avez-vous réfléchi ?

— Au mariage ?

— Oui.

— Fort peu, je l'avoue.

— Tant pis. — Mais enfin, voyons, si une bonne, si une excellente occasion se présentait, consentiriez-vous à prendre femme ?

— Moi ?

— Oui, vous — Répondez franchement.

— Et qui voulez-vous qui m'épouse, mon Dieu ?

— Et pourquoi donc ne vous épouserait-on pas, s'il vous plaît ?

— Je suis sans fortune, vous le savez bien.

— Après ?

— Et, par le temps qui court, l'argent est tout.

— Pas toujours.

— Les exceptions sont du moins bien rares.

— Eh bien ! il ne tient qu'à vous qu'une de ces exceptions se fasse en votre faveur.

— Vous m'intriguez, mon cher marquis, — répondit Paul avec un sourire. — Voyons, que voulez-vous dire ?

— Je veux dire que je vous ai trouvé une femme, — que cette femme est jeune, — que cette femme est jolie, — que la dot est prête, — que la terre est toujours à vendre, — qu'il ne reste qu'à signer le contrat, — à donner votre démission et à épouser...

— Je tombe des nues, — dit Paul, — puis il ajouta :

— Et, cette femme ?...

— Devinez.

— Comment voulez-vous que je devine ? — je ne la connais pas, sans doute ?...

— Vous la connaissez.

— J'y renonce, — dit Paul après avoir cherché ou du moins fait semblant de chercher pendant un instant.

— Allons! — fit alors le marquis, — j'ai pitié de vous, et je veux vous tirer de peine. Cette femme est ma cousine.

— Mademoiselle Clotilde! — s'écria Paul stupéfait.

— Précisément.

— Vous plaisantez, mon cher marquis?

— Pas le moins du monde. — Est-ce que Clotilde ne vous plaît pas?

— Je la trouve charmante, — ravissante, — adorable!

— Eh bien! alors, je ne vois pas trop...

— Mais, — interrompit vivement le jeune homme, — comment pourrais-je être assez fou pour m'occuper d'elle?...

— Fou! — pourquoi fou?

— Elle aura quelque jour trente ou quarante mille livres de rente...

— Ce qui est fort joli.

— Ce qui est superbe, mais moi, je vous le répète, je n'ai rien...

— Ta! ta! ta! — tout cela n'empêche pas que ce mariage ne dépende entièrement de vous. — Ecoutez-moi bien....

— Je vous écoute avec une religieuse attention.

— Ma sœur, madame de Cor, la mère de Clotilde, tient par-dessus toute chose à donner à sa fille un mari qui soit bon gentilhomme — vous l'êtes — qui soit jeune sans l'être trop — c'est le cas dans lequel vous vous trouvez — et qui ait consacré quelques années de sa vie à une carrière honorable et brillante, — personne au monde ne remplit mieux que vous cette dernière condition...

— Mais, la fortune... la fortune...

— J'y arrive : — Ma sœur, femme d'un rare bon sens, trouve que sa fille est assez riche pour deux, — elle me l'a dit vingt fois, et, selon moi, elle a parfaitement raison. Vous voyez donc bien, mon cher Paul, que si vous voulez me confier vos intérêts, je suis certain de les faire réussir! Oui! de par tous les diables! parfaitement certain! buist!

Pendant une minute, Paul garda le silence, — ébloui et comme pétrifié de ce qu'il venait d'entendre.

Mais soudain une pensée terrible lui traversa l'esprit.

— Madame de Lagarde sait-elle ce projet? — s'écria-t-il.

— Ma femme? pas encore...

— Ah!

— Naturellement j'ai voulu vous en parler avant de lui rien apprendre, — mais elle l'approuvera — ceci n'est pas douteux, — elle vous aime infiniment, ma femme, — vous l'avez ensorcelée, mon gaillard!

Et le marquis se mit à rire d'un air satisfait.

Paul prit une décision brusque.

— Faites ce que vous voudrez, mon ami, — dit-il, — j'approuverai tout et je vous remercie de tout.

— Le diable m'emporte si je ne suis pas enchanté de votre décision, mon cher, — répliqua le marquis; — du reste, je m'y attendais.

Et, dans sa joie, M. de Lagarde mit son cheval au galop, et lui fit franchir une palissade de trois pieds et demi de haut, laquelle fermait un champ.

Paul avait ardemment aimé Marie.

Il l'aimait encore.

Il se le disait, du moins.

Mais quel est le sentiment, si violent, si durable, si bien enraciné soit-il,—qui résiste au temps, ce grand destructeur, et à la possession surtout, quand ce sentiment est l'amour?

Et puis, au fond de toutes les natures, même les plus nobles et les plus dévouées, il y a un levain d'égoïsme qui peut bien s'endormir et sommeiller d'abord, mais qui, tôt ou tard, finit par se révéler dans toute sa puissance.

Paul comprenait à merveille (et son exclamation involontaire : Madame de Lagarde sait-elle ce projet? — en était la preuve irrécusable) que son mariage briserait le cœur de Marie.

Et pourtant, à peine lui eut-on fait entrevoir la possibilité, la presque certitude d'une union si brillante qu'il n'aurait pas osé la rêver, il s'était subitement décidé à aller en avant, n'admettant pas même la pensée de sacrifier son avenir à une passion déjà presque morte dans son âme, et qui bientôt, peut-être, s'éteindrait dans celle de Marie.

Et puis Clotilde était si charmante!

Il y avait dans ses seize ans tant de grâce naïve, tant de séduisante fraîcheur!

Il y avait dans l'azur de ses grands yeux bleus tant de mystérieuses et enivrantes promesses...

— Oui, — oh! oui, — se disait Paul, — j'ai bien aimé Marie, — je l'ai aimée d'un de ces amours fougueux que rien ne saurait rompre, que rien ne saurait même faire plier quand ils sont dans toute leur force!

« Il fut un temps, et ce temps est bien proche encore, — où l'image de Marie venait seule visiter mes rêves.

« Dans les bruits mystérieux du soir, j'entendais la voix de Marie. Dans les parfums des fleurs et des gazons, je sentais le parfum des cheveux noirs de Marie.

« Marie était là, — toujours là, — devant moi, — remplissant mon cœur de passions, allumant la flamme de mes sens par sa présence imaginaire ou réelle.

« Et pourtant Marie était la femme d'un autre.

« Elle ne m'appartenait que par l'adultère.

« Entre elle et moi se dressait sans cesse l'image d'un mari. Sans cesse je sentais cette amère douleur de voir la femme aimée aux bras d'un rival, — d'un rival à qui l'on ne peut même dire : J'aurai votre vie ou vous aurez la mienne! Car c'est son bien que vous avez pris lâchement, et vous seriez, en le tuant, pareil à ces bandits qui volent d'abord, puis qui assassinent ceux qu'ils ont dépouillés!

« Si Clotilde m'aimait, au contraire, — quel doux et calme amour!

« Quel asile bienfaisant, quel repos après la tempête!

« Quel bonheur d'éveiller dans sa jeune âme, dans ses sens vierges encore, des émotions, des pensées, des sensations inconnues!

« Quelle joie divine de voir battre pour moi son cœur qui n'a jamais battu!

« Quelle volupté céleste que de déposer le premier baiser d'amour sur ses lèvres de dix-sept ans!

« Quel orgueil, enfin, de pouvoir dire hautement et à tous : — elle l'aime, — elle est à moi, — elle n'est qu'à moi!

Ainsi Paul mettait en regard :

Deux femmes, — deux amours, — le passé, — l'avenir.

Hélas! ce qui devait arriver arriva en effet.

La raison, — l'amour, — l'orgueil et l'intérêt pesaient tous du même côté dans le plateau de la balance.

Aussi, dans cette balance, la pauvre Marie fut trouvée bien légère.

Ceci s'était passé dans l'esprit de Paul en beaucoup moins de temps que nous n'en avons mis à l'analyser et à l'écrire.

Et comme il était resté un peu en arrière, il lança son cheval au galop et rejoignit celui de M. de Lagarde.

XI. — L'AGONIE D'UNE FEMME.

Paul poussa son cheval et rejoignit le marquis — avons-nous dit à la fin du chapitre précédent.

— Ah! ah! — s'écria M. de Lagarde, —je parie un cheval anglais pur sang contre une rosse normande que je sais à quoi vous pensez.

— Voyons un peu! — répondit Paul en souriant. — Je vous dirai franchement si vous auriez gagné.

— Eh bien! vous pensiez à Clotilde.

— C'est vrai.

— Et que vous disiez-vous au sujet de cette intéressante enfant?

— Je me disais qu'il était bien douteux que mademoiselle Clotilde m'aimât...

— Douteux? — pas le moins du monde.

— Vous croyez?

— J'en suis sûr.

— Sûr?

— Oui, — parfaitement, — complètement, — absolument.

— Pourquoi?

— Vous me demandez pourquoi? — Ah çà! vous n'avez donc rien remarqué?

— Non, en vérité.

— Alors, mon cher, vous êtes de ceux dont parle l'Ecriture : Ils ont des yeux et ils ne voient point! — Parole d'honneur, je vous croyais plus fort!

— Mais enfin...

— D'abord, Clotilde n'a des yeux que pour vous; — elle rougit quand vous entrez, — elle rougit quand on prononce votre nom. — Si vous sortez, elle vous suit longtemps du regard et reste toute rêveuse jusqu'à votre retour... ces symptômes-là, voyez-vous, ça n'est point trompeur! buist! et puis, d'ailleurs, moi je connais les femmes!

— Est-ce là tout ce que vous avez remarqué?

—Non pas! — Hier au soir, quand vous nous avez raconté votre aventure d'Afrique, si vous aviez suivi comme moi les émotions si vives et si peu cachées que votre récit, votre danger surtout, causaient à Clotilde, vous seriez aussi convaincu que je le suis moi-même que la petite est folle de vous, — car, — oui, de par tous les diables, — elle en est folle, la chère enfant !

La conversation se continua pendant quelque temps sur le même ton. Puis le marquis et Paul rentrèrent au château.

Quand M. de Lagarde parla à Marie du mariage ébauché par lui, elle l'écouta avec une sorte de stupeur et ne répondit pas d'abord.

Mais comme son mari insista en répétant deux fois de suite :
— Eh bien, ma petite Marie, qu'en penses-tu ?
Elle s'écria d'un air égaré :
— Oui... oui... c'est bien, c'est très-bien... je vous approuve fort...
Et elle sortit précipitamment de la chambre.
En ce moment Marie était folle,—folle de douleur et de colère.
Elle courut à l'appartement de Paul.
Il n'était pas chez lui.
Elle descendit dans le jardin, et là elle marcha droit devant elle, — sans savoir où elle allait.
Tout au fond du parc elle rencontra Paul.
C'était au même endroit où, l'année d'avant, elle l'avait déjà rencontré, — un soir que la lune brillait au ciel et que le rossignol chantait dans la feuillée.
Elle s'arrêta devant lui.
— Est-ce que c'est vrai ? — lui dit-elle.
Paul baissa la tête et ne répondit pas.
— C'est donc vrai! mon Dieu! c'est donc vrai ! — murmura-t-elle lentement.
Elle s'affaissa sur un banc de gazon, elle cacha sa tête dans ses mains, et l'on n'entendit plus que le bruit des sanglots qui soulevaient sa poitrine.
Paul s'éloigna, — muet et anéanti devant cette douleur qui venait de lui.
D'ailleurs, qu'aurait-il pu dire à Marie?
Au bout d'un quart d'heure elle se releva.
Elle rentra chez elle, et elle remonta dans sa chambre où elle s'enferma.
Là, elle pleura longtemps avec une sorte de rage.
Puis tout à coup elle courut se mettre à genoux devant un grand christ d'ivoire suspendu à la muraille et elle se mit à prier.
Après cette prière elle était calme, et elle murmurait :
— Que votre volonté soit faite, mon Dieu ! — Mon Dieu ! c'est une expiation!
A partir de ce moment, la jeune femme, pâle et résignée, sembla avoir rompu pour jamais, même avec les souvenirs du passé. Elle parut s'occuper avec une certaine joie des préparatifs du mariage de Paul et de Clotilde.
Ce mariage fut célébré au bout de six semaines.
Immédiatement après la cérémonie nuptiale, les deux jeunes gens partirent pour l'Italie.
Le lendemain de leur départ, Marie se trouva souffrante.
M. de Lagarde, inquiet, l'engagea à garder le lit.
Dans la nuit la fièvre se déclara.
Fièvre lente, mais terrible !
C'était l'âme qui brisait le corps.
C'était la douleur morale, — longtemps contenue, — qui triomphait de la force et de la jeunesse, après avoir sourdement miné.
Le beau, le doux visage de Marie s'amaigrissait de jour en jour,—presque d'heure en heure.
On ne pouvait reconnaître ni le contour si pur autrefois de ses joues satinées, ni les prunelles de velours.
Les yeux de Marie brillaient toujours, cependant, mais d'une flamme étrange, au milieu de sa figure cave et mourante.
La nature de sa maladie échappait aux plus habiles médecins.
Les remèdes les plus énergiques restaient sans résultat. Le mal empirait rapidement.
Au bout de quelques jours, on en arriva à désespérer de la vie de la jeune femme qui comprenait la gravité de son état et disait qu'elle n'avait que bien peu de temps à passer sur la terre.
Le cœur de M. de Lagarde était brisé.
Marie se montrait avec lui d'une tendresse affectueuse et triste.
Un soir, — au commencement de l'été, — le soleil couchant jetait ses lueurs enflammées à travers les rideaux écarlates de la chambre de la malade.

Elle avait eu le matin une crise très-violente, et elle ne comptait plus que sur quelques heures de vie.
— Marthe, — dit-elle à la garde-malade qui se trouvait auprès d'elle, — j'ai une soif ardente. — Donnez-moi un verre d'eau glacée.
— Mais, madame, le médecin ne l'a pas permis.
— Donnez toujours.
— Mais...
— Donnez donc !
— Mais, madame...
— Je le veux !
Ces mots furent prononcés d'un ton tellement impérieux, que la garde, n'osant résister plus longtemps, s'écria :
— Au moins, madame me permettra d'aller prévenir monsieur.
Et elle sortit de la chambre. C'est ce qu'attendait Marie.
A peine se vit-elle seule qu'elle se leva, se traîna jusqu'à la porte et fit tourner à deux reprises la clef dans la serrure.
Ensuite elle alluma une bougie qu'elle posa sur la cheminée, et, prenant dans son secrétaire une petite cassette d'ébène, elle ouvrit cette cassette avec une clef qu'elle portait à son cou, et elle en tira quelques lettres qu'elle approcha de la flamme dans l'intention de les réduire en cendres.
Mais, en ce moment, ses forces la trahirent.
Un nuage passa devant ses yeux.
Sa main s'étendit pour chercher un point d'appui qu'elle ne trouva pas, et, tournant deux fois sur elle-même, elle tomba sur le parquet en laissant échapper la cassette.
Elle était morte.

Quand M. de Lagarde arriva, suivi de la garde-malade, il trouva la porte fermée.
Il appela ; — on ne répondit pas.
Alors la serrure fut forcée, et nos lecteurs savent déjà quel spectacle s'offrit à ses yeux.

Après le premier moment de stupeur et de désespoir, la cassette renversée et les lettres éparses attirèrent ses regards. Il ramassa une de ces lettres et la parcourut machinalement.
Soudain il poussa un cri terrible.
Son regard devint fixe et son front livide.
— Sortez ! — dit-il brusquement à ses gens qui l'entouraient épouvantés et qui se hâtèrent d'obéir.
Alors, — resté seul dans la chambre mortuaire avec le cadavre à peine refroidi, — il parcourut avidement les papiers que renfermait la cassette.
Ces papiers que Marie allait brûler, quand elle avait été surprise par la mort, c'étaient les lettres de Paul !
Quand M. de Lagarde eut terminé cette lecture sinistre, — il se tourna vers le corps qui gisait sur le lit ; il le contempla d'un œil sec, puis il murmura :
— Elle est morte ! — que Dieu lui pardonne ! — La justice de Dieu est faite!... — au tour de la mienne à présent !
Et, envoyant chercher à l'instant même des chevaux de poste, il se jeta en voiture et partit, sans même donner des ordres pour l'enterrement de celle qui avait été sa femme.
Au bout du temps strictement nécessaire pour faire le voyage, il arrivait à Florence et descendait de voiture à la porte de l'hôtel de la Couronne-de-Fer.
C'étaient là que logeaient Paul et sa femme.
Il monta.
Les deux jeunes gens parlaient d'amour sur un large balcon de marbre blanc.
M. de Lagarde entra, — pâle, méconnaissable.
Son front était ridé, — ses cheveux étaient blancs.
Il saisit Paul par le collet de son habit, — le fit ployer comme un roseau, — l'agenouilla devant lui, et le secoua à deux reprises, en lui disant :
— Lâche ! misérable lâche ! votre maîtresse est morte!
Paul s'était relevé d'un bond et s'apprêtait à se jeter sur M. de Lagarde.
Mais celui-ci l'arrêta du geste et ajouta froidement :
— Attendez !
Puis, tirant de sa poche deux pistolets, il continua :
— L'un des deux n'est pas chargé. — Choisissez!
Paul saisit une des armes.
Clotilde s'était évanouie.
— Feu ! — dit le marquis, en appuyant le canon de son arme contre la tempe du jeune homme.
Un seul coup partit. — M. de Lagarde était vengé!

FIN DE LA COMTESSE DE LAGARDE.

Paris. — Imprimerie Walder, rue Bonaparte, 44.

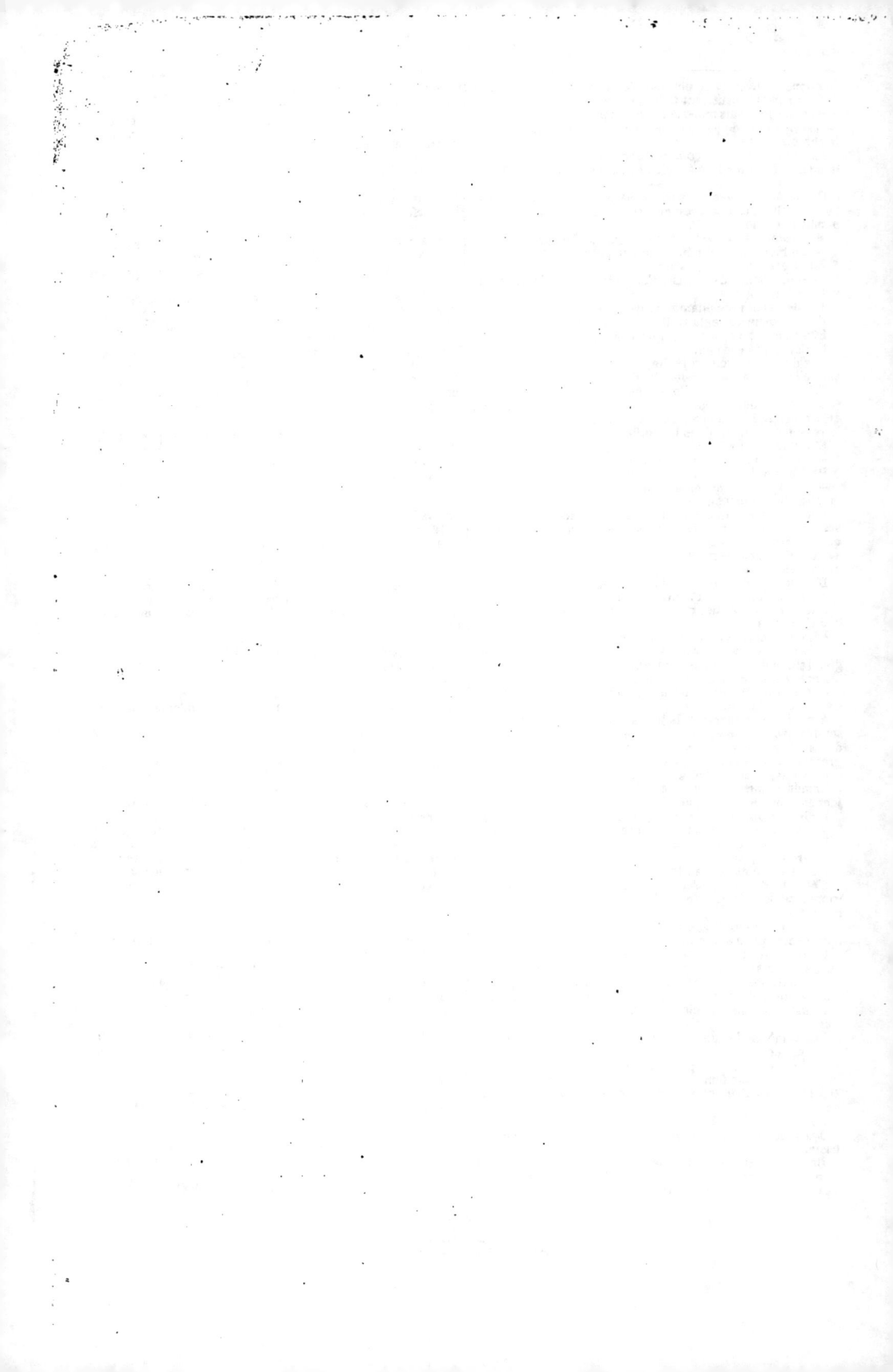

BIBLIOTHÈQUE DES ROMANS

Sous le titre général de BIBLIOTHÈQUE DES ROMANS, il paraît une intéressante collection d'Œuvres littéraires dues à la plume des meilleurs romanciers. Cette nouvelle Bibliothèque, — dont chaque brochure séparée est illustrée d'une ou plusieurs jolies gravures dessinées par des artistes en renom, — est imprimée avec un soin particulier. Chaque partie ou volume, du prix uniforme de **50 CENTIMES**, contient la matière de trois ou quatre volumes ordinaires dont la location seule, au cabinet de lecture, coûterait un prix plus élevé. En un mot, c'est le *nec plus ultra* du bon marché et en même temps ce qui a été édité de mieux dans ce genre.

EN VENTE :

LES SOUPERS DU DIRECTOIRE, par JULES DE SAINT-FÉLIX,	50 c.
BERTHE L'AMOUREUSE, par HENRY DE KOCK,	50
UNE AVENTURE GALANTE, par XAVIER DE MONTÉPIN,	50
LE CONSEILLER D'ÉTAT, par FRÉDÉRIC SOULIÉ,	50
LE COMTE DE TOULOUSE, par FRÉDÉRIC SOULIÉ,	50
LE CHATEAU DES SPECTRES, par XAVIER DE MONTÉPIN,	50
LES CHASSEURS DE CHEVELURES, par MAYN-REID,	50
LES FILLES PAUVRES, par ADRIEN PAUL,	
— 1re série, *Nicette*,	50
— 2e série, *Thérésa*,	50
LES QUATRE SŒURS, par FRÉDÉRIC SOULIÉ,	50
HUIT JOURS AU CHATEAU, par FRÉDÉRIC SOULIÉ,	50
LES TROIS FILLES D'HOLYPHERNE, par KAUF-MANN, 2 parties de	50
UN MYSTÈRE DE FAMILLE, par XAVIER DE MON-TÉPIN, 2 parties de	50
LA COMÉDIENNE AMOUREUSE, par OCTAVE FÉRÉ,	50
PIAZETTA LA CHEVRIÈRE, par MAXIMILIEN PERRIN,	50
LE VALET DE CHAMBRE DE RICHELIEU, par XAVIER DE MONTÉPIN, 2 parties de	50
LA SIRÈNE DE PARIS, par ALPHONSE BROT,	50
LES CHEVALIERS DU POIGNARD, par XAVIER DE MONTÉPIN, 2 parties de	50

L'ART DE RENDRE LES FEMMES FIDÈLES, par L.-J. LARCHER,	50
LES AMOURS DU PEUPLE, par JULES ROUQUETTE,	50
L'IRRÉSISTIBLE, par XAVIER DE MONTÉPIN,	50
LE CHEVALIER DE FLOUSTIGNAC, par ADRIEN PAUL, 2 parties de	50
L'ART DE CONNAITRE LES FEMMES, par L.-J. LARCHER,	50
LES INVISIBLES, par OCTAVE FÉRÉ,	50
BLANCHE MORTIMER, par ADRIEN PAUL, 2 parties de	50
LA PLACE DES TERREAUX, par ALPHONSE BROT,	50
UNE FLEUR AUX ENCHÈRES, par XAVIER DE MONTÉPIN, 2 parties de	50
LE BAIN D'OR, par HIPPOLYTE LANGLOIS,	50
LE MARI D'UNE DANSEUSE, par XAVIER DE MONTÉPIN,	50
UN ANGLAIS AMOUREUX, par ADRIEN PAUL,	50
UNE CONFESSION, par XAVIER DE MONTÉPIN,	50
ANTONINA, par KAUFMANN,	50
LES AMOURS DE MABILLE, par XAVIER DE MON-TÉPIN,	50
LA RUE MOUFFETARD, par LABOURIEU et ANDRÉI	50
LES VENGEURS, par XAVIER DE MONTÉPIN,	50

SOUS PRESSE :

L'ENFANT DU PARVIS NOTRE-DAME, par AU-GUSTE RICARD,	50
LE MULATRE, par LABOURIEU et ANDRÉI,	50

NOUVEAUTÉS A 20 CENTIMES LA LIVRAISON

Les Mystères du Palais-Royal, par XAVIER DE MONTÉPIN.	. . .	3 »
Le Médecin des Pauvres, par le Même.	. . . . . .	1 80
Les Cavaliers de la nuit, par PONSON DU TERRAIL.	. . . . .	2 40
L'Armurier de Milan, par le Même.	. . . .	1 10
Les Drames de Paris, par le Même.	. . . . .	11 55
Jean l'Écorcheur, par OCTAVE FÉRÉ.	. . . .	1 10
Les Royales amours, par MAURAGE.	. . . .	» 70
La Rose d'Ivry, par OCTAVE FÉRÉ.	. . . .	» 50
Les Mystères de la Saint-Barthélemy, par EUGÈNE MORET.	. .	1 30
La Giralda de Séville, par ALBERT BLANQUET.	. . . . . .	» 70
La Cour des Miracles, par OCTAVE FÉRÉ.	. . . . . .	1 90
Miss Mary ou l'institutrice, par EUGÈNE SUE.	. . . . .	» 90
Le Chef de la Bande noire, par HENRI MEYER.	. . . . .	2 30
La Sorcière de Paris, par TURPIN DE SANSAY.	. . . .	1 30
Le Roi d'Italie, par ALBERT BLANQUET.	. . . . .	1 50
Les Amours de d'Artagnan, par le Même.	. . .	2 70
Le Petit Isidore, par CH. PAUL DE KOCK.	. . . . .	1 50
M. Cherami, par le Même.	. . . . . .	1 30

Paris. — Typ. Walder, rue Bonaparte, 44.

www.ingramcontent.com/pod-product-compliance
Lightning Source LLC
LaVergne TN
LVHW022202080426
835511LV00008B/1532